U0940671

南京稀见文献丛刊

金陵杂志

（清末民初）徐寿卿 撰

金陵杂志续集

（清末民初）徐寿卿 撰

点校 卢海鸣

南京出版社

《南京稀见文献丛刊》编委会

总　序

南京是我国著名的七大古都之一，又是国务院首批公布的24座历史文化名城之一。有将近2 500年的建城史，约450年的建都史，号称“六朝古都”、“十朝故都”。南京的地方文献是中华历史文化资源的一个重要组成部分，是研究我国政治、经济、军事、文化和民风民俗的重要资料。按照南京市委、市政府以科学发展观统领全局的要求，配合经济发展与城市建设，深度挖掘历史文化资源，做好历史文献整理出版工作，不仅有利于传承、弘扬南京历史文化，提升南京品位，扩大南京知名度，也有利于当前的物质文明、精神文明、政治文明和社会文明建设。

长期以来，南京地方文献还没有系统地整理出版过，大量的南京珍贵文献散落在全国各地的图书馆和民间。许多珍贵的南京文献被束之高阁，无人问津，有的随着岁月的流逝而湮没无闻。广大读者想要查找阅读这些散见的地方文献，费时费力，十分不便。为开发和利用好这一祖先留给我们的文化瑰宝，充分发挥其资治、存史、教化、育人功能，南京出版传媒集团·南京出版社组织了一批专家和相关人员，致力于搜集整理出版南京历史上稀有的、珍贵的经典文献，并把《南京稀见文献丛刊》精心打造成古都南京的文化品牌和特色名片。为此，我们在内容定位上是全方位、多视角地展示南京文化的深层内涵和丰富魅力；在读者定位上是广大知识分子、各级党政干部以及具有中等以上文化程度的人；在价值定位上，丛书兼顾学术研究、知识普及这两者的价值。这套丛书的版本力求是国内最早最好的版本，点校者力求是南京地方文化方面的专家学者，在装帧设计印刷上也力求高质量。

总之，我们力图通过这套丛书的出版，扩大稀见文献的流传范围，让更多的读者能够阅读到这些文献；增加稀见文献的存世数量，保存稀见文献；提升稀见文献的地位，突显稀见文献所具有的正史史料所没有的价值。

《南京稀见文献丛刊》编委会

导读

徐寿卿，名炎森，以字行，江宁(今南京)人。清末秀才，儒贾兼擅，和易近人，交游尤广。他有感于生长在南京，却对于本地的道里风俗、人情物产知之不详，于是细心查核，不厌精详，奔走咨询，务穷原委，煞费苦心，分门别类。经过三个月的努力，于 1908 年编成《金陵杂志》一书。此后，为补充该书的遗漏，适应时局变迁，历经几度寒暑，于 1922 年编成《金陵杂志续集》一书。

一

清朝宣统二年四月二十八日(1910 年 6 月 5 日)至十月二十八日(11 月 29 日)，中国历史上第一次以官方名义主办的国际性博览会——南洋劝业会在江宁(今南京)召开。在南洋劝业会开幕之际，经过周汝砺等友人鼓励，徐寿卿将其 1908 年编成的《金陵杂志》一书，交由南洋印刷官厂正式出版。

《金陵杂志》，又名《金陵杂志初集》，32 开本，竖版铅印，在初版封面上有“宣统二年南洋劝业会第一次开幕日印”字样。全书的排序依次为序言、目录、作者徐寿卿和出版发行者史久成肖像、再版广告、图片、正文、版权页。序言最初有两篇，分别为宣统戊申年(1908 年)黄宗泽(字衍长)的《序文》、周汝砺（字轶先）的《序言》；民国七年（1918年）修订再版时增加了作者撰写的《自序》。图片8张，分别是莫愁湖、鼓楼、雨花台木末亭、灵谷寺、午朝门、夫子庙、北极阁、秦淮河。正文包括34志：《街道志》、《水道志》、《城垣志》、《山麓志》、《桥梁志》、《庙宇志》、《官署志》、《局所会志》、《学校志》、《试馆志》、《会馆志》、《公所志》、《祠祀志》、《慈善事业志》、《名园志》、《古迹志》、《南朝寺院志》、《违警律志》、《邮政新例志》、《沪宁火车开行志》、《宁省火车开行志》、《宁省火车价目志》、《照相馆志》、《客栈志》、《中西菜馆志》、《茶馆志》、《物产志》、《风俗志》、《社会志》、《时令俗例志》、《神会志》、《好尚志》、《避讳志》、《金陵古迹诗志》。

《金陵杂志》1910年出版，次年便销售一空。据该书再版广告宣称："自出版以来，风行海内，有口皆碑，现因售罄已久，适本年开全省运动会，莅宁人士必定云集，故本局商请徐君重行编辑，材料丰富，名目更新，以便诸君莅宁时旅行之南针。"1918年，因江苏省运动会在宁召开，南京花牌楼共和书局修订再版该书。至1922年，共和书局前后共修订出版了三版。

《金陵杂志》有三个特点：

一是从内容上来看，杂而不烦，排列有序。《金陵杂志》名为"杂志"，实际上内容要而不烦，排列有序。从山水城垣到街道桥梁，从官署公所到学校试馆，从会馆祠祀到园林寺庙，从邮政火车到茶馆客栈，从客栈菜馆到风俗物产，从古迹陵墓到好尚避讳，应有尽有，无不毕备。该书的初版与再版跨越了清末和民国。作者自认为1910年初版时，因仓促成书，不尽完善；1918年再版时，为了使书中的内容与时俱进，进行了较大幅度的修改。关于这一点，我们可以从作者再版重修时的《自序》中略窥一斑："自国体变更后，百度维新，即如官署局所学校，与前清同者甚多，同一官署局所而名称则非，同一学校而名称各别。有昔无而今有之，有今有而昔无之。……鄙人逐类增删，详细调查，必使阅者诸君无稍遗憾斯已耳。"

二是从体例上来看，开创了方志编纂的新门类。34志中，《试馆志》、《会馆志》、《公所志》、《慈善事业志》、《违警律志》、《邮政新例志》、《沪宁火车开行志》、《宁省火车开行志》、《宁省火车价目志》、《照相馆志》、《客栈志》、《中西菜馆志》、《茶馆志》、《神会志》、《好尚志》、《避讳志》16志都是旧志中所没有的门类，几乎占了全书的一半篇幅，作者大胆尝试，令人耳目一新。

三是从文风上来看，树立了用方志体例撰写旅游指南的典范。该书文风朴实，言简意赅，通俗易懂，实用性强，不仅对外地游客具有指南作用，即使对南京本地人也不无裨益。黄宗泽《序文》称赞道："余观是书，其言简，其事赅，谓之为乡土志可也；谓之《续元宁县志》亦可也；即谓之游历家之指南针亦无不可。"周汝砺《序言》称赞道："展颂一过，令人按图索骥，有掌上观纹之妙，不独客游于此者可以恃为指南，即生长是区者亦当奉为枕中秘也。”

《金陵杂志》在南洋劝业会期间为海内外来宾了解南京提供了雅俗共赏的资料。清朝农工商部侍郎、南洋劝业会审查总长杨士琦亲自授予该书褒奖证书，并转咨内务部立案给予版权保护。

二

民国十一年(1922年)端午节前十日，徐寿卿在《金陵杂志》基础上，撰成《金陵杂志续集》(一名《游览大全》)一书，同年由南京共和书局出版。

《金陵杂志续集》，32开本，竖版铅印，全书的排序依次为序文、出版广告、目录、图片、作者徐寿卿和出版发行者史久成肖像、启事、正文、版权页、图书广告。《序文》系民国十一年(1922年)端午节前作者撰写。图片8张，分别是石头城、金陵城内铁道、雨花台、钟楼、贡院街、五龙桥、明孝陵、玄武湖。正文内容分为：《〈哀江南〉诗四首》、《金陵事实备载》、《金陵古迹补遗》、《金陵迷性》、《金陵风俗补遗》、《宗教》、《纪念日》、《金陵行政各机关》、《金陵古迹杂咏》、《金陵房产定例》、《矿产条例》、《矿业警察组织条例》。

该书与《金陵杂志》洵称合璧。作者在《序文》中写道：“予生长于斯，两次光复之情形，见闻较确……姑录记之，编入歌词，以待后来之参考。并调查风俗、迷性、房产、古迹、行政诸要端，凡《初集》中未载之事，一一而补录之；已载而未全之事，一一而加入之，名曰《续集》。俾阅者一目了然，知为官商军学各界必用之书。”

该书中的许多材料都弥足珍贵。例如,《金陵行政各机关·江苏督军》记载:“江苏督军署,即前清之两江总督衙门也。民国以来,政局屡变,督署六年而七易其名,兹特录之于左:(一)大总统府　孙文居此,称为临时大总统,故名曰大总统府。(二)留守府　黄兴居此。南北统一,称南京为陪都,故名曰留守府。(三)都督府　程德全居此。留守取销,都督理府移宁,故名曰都督府。(四)将军行署　军民分治后,将军惟督理军务,故名曰将军行署。(五)督军行署　共和再造后,合都督、将军,调和南北,故名曰督军行署。(六)副总统府　冯督军被举为副总统,故名曰副总统府。(七)督军行署　冯副总统入都代理大总统,副总统府又改名督军行署。”《金陵房产定例》、《矿产条例》、《矿业警察组织条例》等更是难得一见的宝贵资料。

在南京历代文献中,清末民初这一段的文献相对来说保存下来的数量较少,至于全面记载南京的文献就更少了。该书与《金陵杂志》记录的清末民初中国社会转型时期的南京资料,堪称是这一时期文献中的翘楚,对于研究这一时期南京的城市史具有极高的史料价值。

三

除了上述两部作品外,1928年8月,徐寿卿还编有《新南京志》,署名徐炎森,同样由南京共和书局印刷发行。该书系由《金陵杂志》和《金陵杂志续集》扩充而来。如《街道志》中,仅将“金陵省城”改为“南京国都”，其余内容几乎一字未改。

1920年，徐寿卿经过实地考察，结合文献资料，在清代《金陵四十八景图》，编出《金陵四十八景全图》，自己逐景说明，特请秣陵韵生绘图。该书由上海书局出版，石印本，上下两册，南京花牌楼共和书局发行。这是民国时期南京唯一的金陵四十八景图。

“南京稀见文献丛刊”收录的《金陵杂志》以南京图书馆收藏的民国七年三月(1918年3月)南京花牌楼共和书局修订重印本为底本；《金陵杂志续集》以南京图书馆收藏的民国十一年(1922年)南京花牌楼共和书局初版本为底本。《金陵杂志》基本上没有句读，《金陵杂志续集》大部分有句读，此次出版，我们将两书合为一册，并对原书进行了点校，以方便广大读者。

卢海鸣

2013年2月

总目录

南京稀见文献丛刊

金陵杂志

（清末民初）徐寿卿　撰

点校　卢海鸣

南京出版社

序　文

古人之论文也，不以文之长短判优劣。柳子厚《封建论》，数千言不为长；王荆公《孟尝君传》，十余言不为短。著书之理亦若是也。观黎州黄氏著《明夷待访录》，即匹夫匹妇犹称道不置，从可知书不以多为善，而以有益于世者为善。江宁徐君寿卿，以《金陵杂志》示余，余读至终，不禁跃然曰：增金陵之光彩者是书，备行旅之考查者是书。今南洋第一次劝业会，诚数千年未有之奇观，万商云集，东西洋亦交错其间，余知有此一书，按图索骥，了如指掌，可免入国问境之劳矣。金陵为江左名区，甲于天下。自六朝以至于今，形势风俗日更月易。生于斯长于斯，而山川之名胜，古迹之沿革，道理[①]之名称，淮水之源流，物产之区别，社会之状态，或不能言，即言之亦不能详。虽有志书，充考古之资则有余，实用于今则不足耳。然则考金陵古今之现相者，其惟恃《金陵杂志》之一书耶？余观是书，其言简，其事赅，谓之乡土志可也，谓之《续元宁县志》亦可也，即谓游历家之指南针亦无不可。

宣统戊申清和月中浣黄宗泽衍长氏序于补拙轩。

---

① 道理：应为“道里”。道、里皆为古代行政区划名。这里“道里”指代行政区划。

《金陵杂志》序言

金陵为六朝名胜之区，历代建都之地，琳宫梵宇，屡易星霜；寿碣贞珉，几经风雨。千百年来，名场胜迹，其易置变迁者，盖有存焉者寡矣。古所谓“南朝四百八十寺”者，或湮灭无闻，如《广陵散》；或岿然犹峙，如鲁灵光。眺览之余，存没参半。即江宁府及两江志[①]，虽都人士数十年辄一修辑，但进进存其大而遗其细，录其显而忘其微；或则形式久已改观，或则名称尤非旧制，略而不书，致令凭眺访古者踌躇唏嘘，而无可考证。此吾友徐君寿卿所以有《金陵杂志》之作也。徐君寿卿，江宁茂才，儒贾兼擅，置身社会间，和易近人，交游尤广。尝自憾生长是邦，钩游之所，于道里风俗、人情物产，尚不能知其梗概。于是细心查核，不厌精详。奔走咨询，务穷源委，再罗列府县志书，六朝事迹，白下琐言，水道图说，各记传诸书，以资印证，乃成是书，以馈饷来者。其间如名胜之存没，道路之曲折，官署局所之建置，寺院庙宇之沿革，以及无肆优劣、游宴规则、里巷琐碎、俗尚趋避，无不详晰记载，朗若

① 江宁府及两江志：指《康熙江宁府志》、《乾隆江宁府志》、《嘉庆续修江宁府志》以及《同治上江两县志》等。

眉列，阅三月而书告成。展诵一过，令人按图索骥，有掌上观纹之妙，不独客游于此者可以恃为指南，即生长是区者亦当奉为枕中秘也。使出而问世，吾知受社会欢迎，不胫而走，可以无待龟蓍矣。于是怂恿其付之剞劂，公诸同好。况南洋欢业会开幕之初，环球人士来观光者，云屯雾集，是书一出，其裨益于若辈，岂浅鲜哉？徐君颇韪是言，即助其校雠而付诸手民。书既成，索序于予，予虽不文，顾既心赏其精详，而又爱其别创一格，吾郡或因之而增重也。乃不得不勉以应命，谨记其崖如略此。

宣统戊申清和月中浣上元周汝砺轶先氏识。

自序

是书因赛劝业会仓猝而成，其中分门别类，未尽完善，然而已煞费经营矣。书印成矣，及年余销竟售殆尽，求购者仍纷纷不绝。自国体变更后，百度维新，即如官署、局所、学校，与前清时同者甚多，同一官署、局所而名称则非，同一学校而名称各别；有昔无而今有之，有今有而昔无之。且金陵繁盛之区，官商云集，若不重加修改，恐籍是书为参考，愈增徘徊揿足[①]之嗟。鄙人逐类增删，详细调查，必使阅者诸君无稍遗憾斯已耳。是为序。

民国七年正月徐炎森寿卿氏重修于资敬书屋。

① 揿足：应为“踯躅”。徘徊不进的样子。

目　录

①③④　原目录中本无，据内容增加。

②　序言：原目录中误作“序文”。

① 邮政定例志：原目录误作“邮政新例志”。

本杂志编辑者　徐寿卿小像

本杂志发行者　史久成小像

《金陵杂志》再版

广　告

徐君寿卿，宁之宿士也。前清南洋劝业会开幕时，不惮烦劳，编辑《金陵杂志》一书，曾蒙审查总长杨奖给金牌，并蒙转咨内务部立案，以保版权。自出书以来，风行海内，有口皆碑，现因售罄已久，适值本年开全省运动会，莅宁人士定必云集，故本局商请徐君重行编辑，材料丰富，名目更新，以便诸君莅宁时旅行之南针。现以出版，书印无多，购请从速。花牌楼共和书局谨启。

莫愁湖

鼓楼

雨花台木末亭

灵谷寺

午朝门

夫子庙

北极阁

秦淮河

街道志

金陵省城地方为各省之冠，幅员辽廓，街巷繁多，他省所不及也。异地之客，固难记认，即生长于斯，年已老大，未经涉足之街巷者不知凡几。予甚忧之，分东、南、西、北、中为五区，并将各街各巷名称标明于下，以便阅者一目了然，庶不至有徘徊道左之嗟焉。

第一区第一段街巷地址名称

通济门　大中桥　斛斗巷　复兴巷　万寿宫　中正街　升平桥　娃娃桥　门帘桥　马府街　九连塘　八旗会馆　五福街　荷花塘　李相府　侯府　绣花巷　马路街　韬园　复成桥　复成仓　文昌宫　仁孝里　天津桥　头条巷　二条巷　三条巷　四条巷　利济巷　科巷　吉祥街　铜井巷　芦政牌楼　二郎庙　定湘王庙　游府署　党公巷　文昌巷　花牌楼　红花地　大行宫　松涛巷　磨盘巷　王家巷　常府街　芹菜营　太平巷

第一区第二段街巷地址名称

广艺街　斗姥宫　闺奁营　卢妃巷　八条巷　户部街　堂子巷　虹桥　龚家巷　延龄巷　双塘巷　廖家巷　铁汤池　抄纸巷　尼姑巷　土街口　新街口　破布营　老王府　陆家巷　羊皮巷　明瓦廊　三元巷　程阁老巷　富民坊　曹都巷　大香炉　洪公祠　漾水桥　三道高井　小板巷　郭府园　张府园　跑马巷　珠宝廊　内桥　木料市　笪桥市路北

第一区第三段街巷地址名称

碑亭巷　旧中协署　洋务局　邓府巷　钱厂街　北捕厅　骂驾桥　上乘巷　沐府西门　估衣廊　廊背后　香铺营　网巾市　大仓园　守备署　闺阁祠　狮子巷　杨将军巷　如意里　一枝园　白井栏　鸡鹅巷　火星庙　三眼井　蒋庙桥　莲花桥　洪武街　纱帽巷　小纱帽巷　红板桥　大石桥　西仓桥　古西仓　九眼井　昭忠祠　小石桥　双龙巷　黄泥岗　保泰街　鼓楼　周家巷　卫巷　居安里

第一区第四段街巷地址名称

东岳庙　北极阁　武庙　水关　水闸　新桥　文昌桥　打靶场　太平门　东街　太平庵　饮水桥　议事廊　富贵山　香林寺　关帝庙　小营　大影壁　三军桥　捷胜营　竺桥　毗卢寺　城守协署　督军东街　督军西街　太平桥　珍珠桥　浮桥　通贤桥

第一区街巷地址名称补遗

余家巷　成贤街　太平街　北首巷　申家巷　相府街　沙塘湾　细柳巷　五马街　鹰坊巷　大营后　大阳沟　寿星桥　马号后　松荫三巷　五老桥　真人庙　破瓦巷　仁义里　城守塘　土地庙　马号　兴隆桥　西方庵　火瓦巷　宰牛巷　天印庵　龚家桥　杨公井　祠堂巷　蔡家花园　毛司巷　武学园　金銮巷　何公祠　马号巷　大悲庵　黄家塘　汉府街　牌楼脚　西辕门　踹布坊　洪庙①　观音阁　安将爷巷

① 洪庙：今作“红庙”。

石婆婆巷　相府营　肚带营　田吉营　青石街　荷花塘　军师巷　石板桥　宗老爷巷　秦巷[①]　南家庄[②]　小九华　四牌楼　孙家院　御史廊　姚家巷　薛家凹　银鱼巷　南仓巷　周必由巷　丹凤街　太平巷　单牌楼　沙塘园　双井巷　严家巷　红板桥　瞿公庙　文德里　土桥　蜈蚣山　荷包套　半桑园　新河　赵家菜园

第二区第一段街巷地址名称

通济门　犁头尖　东井巷　钱家湾　东水关　九龙桥　中正街　钓鱼巷　淮清桥　御河坊　致和街　察院　文思巷　利涉桥　姚家巷　小姚家巷　贡院　巡道署　江宁府学堂　八府塘　邀贵井　四象桥　湘军公所　大益仁巷　军医局　小益仁巷　贡院西街　奇望街　状元境　补钉巷　卫巷　夫子庙　文德桥　东牌楼　党家巷　小党家巷　四福巷　全福巷　粮道署　教敷营　省长公署　堂子巷　驴子市　裱画廊　承恩寺　锦绣坊　王府园　慧圆庵　旧王府　御街　内桥

第二区第二段街巷地址名称

内桥湾　天青街　江宁府署　城隍庙　砂硃巷　府东大街　三山街　窑子巷　黑廊口　望鹤冈　望鹤楼　秦状元巷　伏魔庵　大功坊　郭家巷　司署口　许家巷　花市街　顾楼　黄状元巷　义兴巷　武定桥　下江考棚　白酒坊　厨子营　南门大街　军师巷　槐树湾　信府河　信府苑　南门里

① 秦巷：今作“蓁巷”。
② 南家庄：今作“兰家庄”。

桥　糖坊廊　长乐街　小百花巷　旋子巷　实辉巷　张都堂巷　鞍轡坊　扁担廊　百花巷　瓦匠巷　牵牛巷　小牵牛巷　牢洞巷现改银作坊　四圣塘　三坊巷　丝市口　新桥　九儿巷　铁作坊　珠履巷　县背后　高家巷　金沙井　黑簪巷　洋珠巷　秤它巷[①]　铜作坊　马巷　南捕厅　古钵营

第二区第三段街巷地址名称

绒庄　板巷　果子行　坊口街　弓箭坊　李府巷　凤皇井　财神庙　颜料坊　童子巷　彩霞街　上浮桥　牛市　小彩霞街　鸡鹅巷　玉带巷　讲堂大街　陡门桥　渡船口　徐家巷　泰仓巷　嘉兆巷　南市楼　评事大街　老坊巷　绫庄巷　平章巷　走马巷　泥马巷　竹竿巷　打钉巷　千章巷　富德巷　草桥　虹土桥　鸽子桥　羊市桥　笪桥市路南　下街口

第二区第四段街巷地址名称

安品街　糯米巷　车儿巷　云台地　甘雨巷　徐家巷　平安里　登隆巷　油市大街　水西门大街　仓巷口　木屣巷[②]　犁头尖　朱状元巷　丁家巷　芝麻营　范家塘　史痴翁巷　铁窗棂　张公桥　望仙桥　文津桥　道济桥　卧佛寺　严家杆子　月牙巷　牙檀巷　常巷　辉复巷　七家湾　牛皮街　牛首巷

---

① 秤它巷：应为“秤砣巷”。
② 木屣巷：应为“木屐巷”。

第二区街巷地址名称补遗

下浮桥北堍[①] 生姜巷 大水巷 西水关 南城湾 自新巷 远镇庵巷 酱铺营 礼拜寺巷 柏果树 陈善坊 定盘巷 甘露营 润德里 白佛殿 牙巷 水巷 手帕巷 太平里 锅底塘 油辉岭 石门槛 蓝家苑 哑吧巷 瓦匠巷 天丰益巷 腰巷 何陋居 文昌巷 毛司巷 水仓巷 黑廊巷 观音庵 踹布坊 南所巷 北所巷 小巷 府西街 邓府苑 仁义里 楼子街 北湾子 温家塘 韩家苑 古巷 小丁家巷 堂子大街 煤炭堆

第三区第一段街巷地址名称

水西门 西水关 银元局 礼拜寺 菱角市 下浮桥 柳叶街 崇恩街 施家巷 老虎桥 五福街 土桥 龙王井 来凤街 蚬子街 金丝湾 万竹园 柏家苑 大沙井 杏花村 凤凰台 凤游寺 林家大场 花露冈 金粟庵 猫鱼市 善司庙 毛家苑 新盛街

第三区第二段街巷地址名称

胡园 鸣羊街 阁漏巷 仓顶 九层坡 营门口 朱家园 双塘 仙鹤街 小仙鹤街 斗鸡闸 五间厅 六度庵 小胶巷 大胶巷 小府巷 礼拜寺 小王府巷 蒋家苑 三铺两桥 孝顺里 高冈里 五福横首 梁家巷 曾公祠 大王府巷 水斋庵 小门口 磨盘街 同乡共井 侍其巷 钓鱼台 甘露巷 欧阳巷 桃源巷 避驾营 饮马巷 南宫坊

① 堍：原文误作“垸”。

沙湾　钓鱼台

第三区第三段街巷地址名称

殷高巷　梧桐树　七贤坊　财神古道　堂子巷　胭脂巷　王府巷　船板巷　皇册库　铜芳苑　太平苑　常平仓　南门里桥　贵人坊　膺福街　豆腐巷　小膺福街　剪子巷　马道街　翔鸾庙　小西湖　宰猪巷　小油坊巷　大油坊巷　大夫第　钞库街　堂子巷　何家苑　箍桶巷　琵琶巷　乌衣巷　瓦匠巷　天喜长生祠　大石坝街　小石坝街　文德桥　金陵闸　丁官营　石板桥　晏驾桥　东花园　茉莉园　石将军巷　新廊　磊功巷　半边营　藏金桥　张家衙　陶家巷　三条营　边营　中营　仁厚里　方井　石观音　大树城　转龙巷　蟒蛇仓　紫金桥　百岁里　石桥　小石桥　水左营　千佛庵　萧家巷

第三区第四段附郭地址名称

南门外桥　下码头　涧子桥　吴兴别墅　南岳行宫　粥厂　五贵桥　刘园　城捕厅　西街　大米行　扫帚巷　南山门　北山门　报恩寺　宝塔根　制造局　赛虹桥

第三区街巷地址补遗

东鹫峰寺　义兴善堂　宝塔巷　兴隆巷　高家巷　管家巷　药师庵　莲子营　槽坊巷　染坊巷　仁利巷　院门口　蔡家院　堆金桥　积玉桥　木匠营　库上　小心桥　转龙居　新路口　仓门口　老虎头　大井巷　乱石墙　方家巷　堆草庵　向铃巷　库司坊　七家村　瓦棺寺　双石鼓　高家苑　摸乃巷　后所巷　龙王井　撮箕巷　井家苑　太平桥　如

意桥　太平井　双乐园　五福庵　王家门楼　回龙街　童大苑　萧公庙　瓦匠街　裘家湾　史巷　陈家牌坊　八角井六角井　过楼街　袁家井　吉祥街　谢公祠　两家巷　绿竹园　鸭子塘　荷花塘　窦家园　饮虹园　柴院子　五板桥正觉寺　八间房　蔡板巷　龙船巷　马房苑　荷花巷　老土地庙　小井里　积善里

第四区第一段街巷地址名称

鼎新桥　红纸廊　三道高井　王府巷　朝天宫　冶山道院　宫后山　易驾桥　欣欣园　小丰富巷　丰富巷　新街口　双石鼓　老米桥　管家桥　糖坊桥　半边街　北门桥　火星庙　唱经楼　鱼米街　沈举人巷　高家酒店　慈悲社　韩家巷　汇文书院现改金陵大学堂　骆驼桥　焦状元巷　冈头　小桃园　同仁街　吉兆营　薛家巷　妙相庵　基督堂　王宅塘绸市口　斗鸡闸

第四区第二段街巷地址名称

癸巷　白平仓　干河沿　随园旧址　永庆寺　五台山贵格医院　水巷　峨眉岭　左所巷　锏银巷　守备署　石桥　螺丝转湾　丰备仓　天主堂　虎贲仓　四根杆子　金陵医院　古城隍庙　军械所　堂子街　陶李王巷　汉西门　牌楼街　四眼井　黄泥冈

第四区第三段街巷地址名称

乌龙潭　龙蟠里　武侯祠　火药局　百步坡　阴阳营朝阳庵　来兹庵　虎踞关　长江药局　清江药局　吴家巷草场岗　清凉山　清凉门

第四区第四段附郭地址名称

水西门外正街　街北　西街头　街头　瓦厂街　苏州码头　白骨塔　涵洞口　南伞巷　致宝街　下河街　鸭子塘　大埂头　牌坊街　莫愁湖　禹王宫　北伞巷　接官厅　汉西门外大街　石城桥　粥厂　河西　凤凰街　二道埂　红土山　芦席厂　灰粪厂　芦柴厂　三圣观音庵　草场门外

第四区街巷地址补遗

井巷　曹园冈　唯心冈　罗南巷　黄泥巷　道济桥　回龙桥　城隍庙巷　华藏寺　刘军师桥　小板巷　南台巷　崔八巷　棋盘城　锁龙桥　波罗山　百岁坊　罗汉寺　城湾　金家苑　花神庙　豆菜桥　马台山　宰猪巷　天妃巷　铁光巷　海子堂　鬼门关　青石街　宝塔仓　候驾桥　牌楼巷　校尉营　蛇山　堂子巷　鸭子塘　小粉桥　炒米巷　当铺巷　张家菜园　菱角市　药师杆子　金银街　狮子库　红土桥　冬瓜市　收兵桥　随家仓　陶谷　老虎井　尖角营　西家大塘　花柳巷　高门楼　安仁街　苍门口北三

第五区第一段街巷地址名称

鸡鸣寺　古台城　北极阁后　百子亭　外柳巷　里柳巷　大钟亭　富厚冈①　华严庵　财神庙　省三庵　无量庵　鼓楼北坡　狮子桥　裴家桥　丁家桥　公园　香水林　红土庙　善司庙　童家巷　马家街　孟家街　息息亭　丰润门　龙庵　官盐仓　八步巷　倪家桥　芦席营　易家桥　栏杆桥

---

① 富厚冈：今作"傅厚岗"。

观音庵　三茅宫　陈家桥　青石桥　紫竹林

第五区第二段街巷地址名称

钟阜门　吴家桥　刘家桥　寺背后　仓桥　火车站　普利庵　火巷　董家桥　三牌楼　斜巷　将军庙　周家桥　大佛寺　五条巷　四条巷　三条巷　二条巷　头条巷　蚂蝗冈　笃义里　古林庵　水左冈　西桥　王君寺　老菜市　十字街　净界寺　东门楼　新菜市　和会街　清凉古道　三步两桥　铜脚山　万寿寺　金陵寺　妙耳山　陆师学堂　万年桥　甘露寺　大石桥　土桥　太平桥　红庙　天市桥　金川门

第三区①第三段街巷地址名称

小东门　军械所　狮子山炮台　海军学堂　仪凤门　当铺巷　双门楼　戴家巷　竹山湾　归云堂　花园冈　回龙桥　农业学校　吴家巷　向山冈　古平冈　易家巷　癞石冈　老虎洞　定淮门　马家大山　水右冈　马鞍山旧址　听潮庵　刘家冈　宝林庵　黄瓜园　彭家冈　下步所　棉花药局

第五区第四段街巷地址名称

仪凤门外大街　运水桥　惠民桥　永宁街　石桥　鲜鱼巷　梅家巷　邓府巷　厂门口　洪门口　龙江桥　摆渡口　徐家巷　郭家巷　虹霁桥　老江口　大马路　长安里巷　余庆里巷　铁路桥　二马路　和丰里　商埠局　宁兴里　来安里　招商局　启华巷　石营　新洋桥　平安里巷

第五区街巷地址补遗

蓝家巷　三君寺　萨家湾　驴子巷　傅德桥　大方巷

---

① 第三区：应为"第五区"之误。

四卫头　陈家巷　傅佐园　下五所　韩家桥　修竹庵北三　马台街　门楼　草桥　双沟　楼子巷　司背后　堂子巷　龙苍巷　筹市口　大树根　柏果树　蓝市口　裴家巷　蔡家巷　板井　新门口北四　狗耳巷　东门街　双祠堂　武陵里　后所　晚市　妙峰庵　童家山　小门口　妙乡北五

水道志

大江发源岷山，西自安徽来，南岸过太平，北岸过和州，流入于江宁府境江宁县界，其首受之水，曰慈姥港（即和尚港）。水又东过烈山港；又东北至白鹭洲；又东北受铜井镇（即江宁镇）溪水，过三山，至板桥浦；又东北至新林浦（即大胜关）；又东北受新河水（即上新河）；江水又北迤东下过龙江关，淮水支流入焉，曰北河口；又北至下关，淮水入焉。淮水有二源：西源出溧水东庐山，东源出句容华山，南合茅山水，西北迳入胡熟镇，赤山湖水合。淮水西流折北，至方山埭，与西源合流，北过淳化镇，西北过上方门，至通济门，明城濠（即护龙河）水南流折西，过聚宝门，与落马涧合，西分支流，从赛公桥、三山桥西，由北河口入江。城外濠水北流至西水关，与城内淮水合。城内淮水，自通济门入东水关，与杨吴城濠水合。杨吴城濠水，自乾河崖[1]南转，出北门桥，过莲花桥，与进香河合。又南过浮桥，与珍珠河合。又西转至竹桥，入皇城。又西过复成桥、大中桥，至东水关，与淮水合。又西过利涉桥，至淮青桥，与青溪水合。青溪水发源钟山，挟元武湖水以入城，北通潮沟，近多湮塞。杨吴城濠水一支自内桥至升平桥，与护龙河合，过四象桥至淮青桥，入于淮水；西南过文德桥、武定桥、镇淮桥；西北过新桥、上浮桥，至斗门桥，与运渎水合。运渎水由内桥引青溪过鸽子桥，至笪桥

① 乾河崖：应为干河沿。

再西，穿鼎新桥、道济桥、文津桥、望仙桥、张公桥，直抵西城，从铁窗棂而出，以入于城濠；又分流自笪桥西南，过草桥、红土桥，至斗门桥，入于淮水；又西过下浮桥，穿银台闸，出西水关，复与城外濠水合，遂沿石头城以达于江。

城垣志

正阳门　　通济门　　聚宝门一名南门。

三山门一名水西门。　　石城门一名汉西门。　　清凉门一名清江门(未开)。

定淮门(未开)　　威凤门[1]　　钟阜门(未开)

金川门走火车。　　神策门一名得胜门。　　太平门

朝阳门　　丰润门通后湖。端督持节于此,新辟。

以上城内十四门。

(东)姚坊门　仙鹤门　麒麟门　沧波门　高桥门

(南)上方门　夹冈门　双桥门　凤台门　驯象门

大安德门　小安德门

(西)江东门　栅栏门

(北)上元门　观音门　佛宁门　外金川门

以上城外十八门。

---

① 威凤门:应为"仪凤门"。

山麓志

土山在城东四十里。

钟山一名紫金山，在东北朝阳门外。

汤山下有汤泉，在城东六十里。

方山一名天印，在城东南四十五里。

吉山五峰联峙，在东善桥之上村。

烈山在城西南七十里。

三山有仙人矶，在江宁镇、板桥之间。

青龙山在麒麟门东南。

栖霞山古名摄山，在城东北四十里。

乌龙山在城东北三十里。

直渎山与燕子矶相近，在城北二十里。

幕府山沿山有十二洞，在神策门外。

狮子山古卢龙山，在仪凤门内。

覆舟山一名龙舟山，在太平门内。

鸡鸣山一名鸡笼山，在太平门内。

小仓山在鸡鸣山西南。

清凉山一名石头山，在城内西北。

冶城山在西石城门内，今宫后山是也。

凤台山一名花露冈，在城西南。

雨花山古名石子冈，又名聚宝山，在南门外里许。

天阙山一名牛首山，在城南三十里。

祖堂山距牛首山五里。

朱门山在城南六十里。

云台山在城南六十里。

慈姥山在城西一百一十里。

五台山在汉西门内干河沿侧。

大壮观山在神策、太平二门之间。

桥梁志

东

大中桥在通济门。

半边桥在西方寺。

复成桥在商务局常府街。

淮清桥在察院。

利涉桥在石坝街。

响水桥在致和街。

四象桥在湘军公所。

升平桥在上元县。

娃娃桥在广艺街。

兴隆桥在升平桥旁。

钱厂桥在娃娃桥旁。

文德桥在夫子庙。

汲水桥在龙王庙。

晏驾桥在东花园。

长　桥在鹫峰寺。

孝尉桥在门楼桥旁。

门楼桥在三牌楼。

竺　桥在毗卢寺。

外五龙桥在皇城御街。

内五龙桥在皇城血石亭旁。

九龙桥在通济门外米行巷。

苑家桥在东花园。

青龙桥在五龙桥左。

白虎桥在五龙桥右。

百川桥在都统署前。

饮水桥在太平门街。

中和桥在通济门外。

点心桥在狗儿巷。

南

镇淮桥南门里桥。

堆金桥在大膺福马道街口。

武定桥在顾楼。

麦子桥在新廊。

金粟桥在猫鱼市。

来宾桥在南门外西街南。

星福桥在新路口。

石　桥在槽坊巷。

马家桥在石桥旁。
藏金桥在小膺福。
五板桥在中营。
转龙桥在转龙巷。
小心桥在方井。
采蘩桥在藏金桥旁。
新　桥在丝市口。
上浮桥在船板巷。
长干桥南门外桥。
老府桥在造币厂五福街。
观音桥在五板桥旁。
太平桥在六度庵。
如意桥在斗鸡闸。
三铺两桥在蒋家苑。
涧子桥在南门外窑湾南。
五贵桥在南门外刘园三里店。

西

下浮桥在柳叶街。
斗门桥在讲堂大街。
红土桥在安品街。
草　桥在评事街打钉巷。
笪　桥在评事街口。
鸽子桥在绒庄。
羊市桥在木料市。
内　桥在府东大街。
土　桥在回龙街。
道济桥在仓巷。
文津桥在道济桥旁。
望仙桥在文津桥旁。
易驾桥在朝天宫侧。
张公桥在礼拜寺巷。
回龙桥在黄泥巷。
候驾桥在四根杆子。
戈郎桥在止马营。
觅渡桥在水西门外王家碑亭。
赛工桥在水西门外。
石城桥在汉西门外。

北

北门桥在故衣廊①。
马家桥在半边街。
莲花桥在三眼井。
红板桥在纱帽巷。

① 故衣廊：应为“估衣廊”。

虹　桥在土街口。

天津桥在西华门。

管家桥在螺丝转湾。

老米桥在双石鼓。

骆驼桥在干河沿。

文昌桥在晒布场。

寿星桥在四条巷。

丁家桥在三牌楼。

青石桥在公园。

惠民桥在下关。

通贤桥在一枝园。

老虎桥在单牌楼。

西仓桥在严家桥旁。

大石桥在红板桥旁。

将军桥在十庙。

傅德桥在小桃园。

糖坊桥在新街口。

珍珠桥在大引壁①。

浮　桥在珍珠桥旁。

小石桥在唱经楼。

狮子桥在无量庵。

严家桥在红板桥旁。

升官桥在洪武街。

如意桥在牌坊巷。

点心桥在头道高井。

仙鹤桥在进贤桥旁。

---

① 大引影：应为“大影壁”。

庙宇志

东

白下寺在大中桥。

洞神宫在奇望街。

火星庙在中正街。

火神庙在大中桥。

白佛殿在王府园。

慧圆禅林在御街。

天喜长生祠在乌衣巷。

惜字庵在大石坝街。

吕祖宫在奇望街。

灵谷寺在朝阳门外。

承恩寺在驴子市。

八蜡庙在中正街。

财帛使司在堂子巷。

甘露庵在府东大街。

普善禅林在东城根裘家湾。

千佛庵在磊功巷。

普靖禅林在武定桥尾。

延寿庵在莲子营。

东岳庙在通济门外养虎巷。

将军庙在白佛殿后身。

正觉寺在石桥。

送子观音庵在藩署照壁后身。

常乐庵在大全福巷。

圣寿庵在补钉巷。

南

土地庙在豆腐巷。

石观音庵在老虎头。

财神庙在颜料坊。

永祥庵在仓顶。

圆通庵在钓鱼台。

玄帝庙在信府河。

长生庵在下江考棚。

妙悟庵在仓顶。

萧公庙在仓顶。

翔鸾庙在大油坊巷翔鸾坊。

炳灵公庙在胭脂巷。

从容禅林在南宫坊。

凤游寺在花露冈。

古炎帝庵在大夫第。

报恩寺在南门外长干里。

安稳寺在南门外雨花台。

永宁庵在南门外雨花台。

普德寺在南门外刘园后身。

阿弥陀佛庵在三条营。

上清道院在雨花台下。

禹王庵在磨盘街。

三藏殿在南门外雨花台东。

五显庙在南门外西街。

西

天后宫在水西门大街。

白衣庵在古钵营。

炎帝庵在油市大街。

九华行宫在登隆巷。

关帝庙在安品街。

观音阁在斗门桥上。

善司庙在营上。

半隐庵在大交巷。

六度庵在小府巷。

古城隍庙在汉西门。

准提庵在猫鱼市。

大王庙在水西门上河街。

卧佛寺在月牙巷。

府城隍庙在江宁府街。

文昌庵在丁家巷。

三宫殿在酱棚营。

一苇禅林在下浮桥渡船口。

石观音庵在老虎头。

护国禅林在猫鱼市。

五云庵在仙鹤街。

金粟庵在营门口。

华藏庵在候驾桥黄泥巷。

清凉寺在清凉山半腰。

古林庵在汉西门。

北

北极阁在两江师范后身。

大行宫在吉祥街。

定湘王庙在碑亭巷。

二郎庙在碑亭巷。

三茅宫在三牌楼。

斗姥宫在广艺街。

龙王庙在娃娃桥旁。

冶山道院在朝天宫后身。

观音阁在下街口。

文昌阁在小营边。

妙相庵在汇文书院。

毗卢寺在督署旁。

放下禅林在三道高井。

复兴庵在炘炘园。

定慧庵在炘炘园。

观音楼在后湖。

虔聚庵在珠宝廊①。

无量庵在丁家桥。

静海寺在仪凤门外。

清净庵在大板巷。

荧惑庵在弓箭坊。

武　庙在鸡鸣山下。

① 珠宝廊：原文误作“珠宝廓”。

官署志

督军署在大影壁后身。

镇守使署在城隍庙对门。

省长公署在司署口。

教育厅在中正街后身李相府内。

实业厅在中正街后身李相府内。

财政厅在奇望街。

地方审判厅检察厅在大夫第。

江宁县公署在三坊巷。

邮政司在下关。

僧纲司在承恩寺十间房。

英领事府在萨家湾。

美领事府在三牌楼。

德领事府在三牌楼。

日领事府在鼓楼。

局所会志

马路工程局在复成桥。

南京总商会在中正街。

电灯局在西华门。

洋火药局在通济门外。

商埠局在下关。

铁路厘捐局在中正街火车站。

掣验局在下关。

警察总局在珠宝廊。

南路巡警分局在全福巷。

北路巡警分局在大行宫。

造币厂在下浮桥。

军械所在汉西门。

济良所在贡院大院。

船　厂在观音门巴斗山。

机器制造局在南门外养虎巷。

官电报局在状元境。

德律风总局在润德里。

邮政总局在下关。

商务局在复成桥。

官书局在夫子庙。

日本邮政局在成贤街。

东路巡警分局在贡院大街。

西路巡警分局在红土桥下。

消防队在承恩寺内。

印刷厂在奇望街。

军械分所在汉西门。

通俗教育馆在大中街。

江苏陆军测量局在昭宗祠。

学校志

高等师范学校在北极阁①。

两江法政学校在红纸廊。

第四师范学校在门帘桥。

高中两等商业学校在商园内。

测绘学校在妙相庵。

江苏第一中学校在八府塘。

钟英中学校在南捕厅②。

江宁县立高等小学校在江宁府署旁。

贫儿院在升平桥。

农业学校在三牌楼小门口。

宁属公立学校在夫子庙。

乙种商业学校在上元县署旁。

实求学校在青年会内。

艺徒学堂在下江考棚。

工业学校在复成桥商园。

公立初等小学在公善南堂。

济善小学堂在南门外城捕厅旁。

普善小学堂在南门外普善堂内。

区立第三高等小学校在朝天宫。

区立第二高等小学校在督粮厅。

区立第四高等小学校在洪武街。

区立第一高等小学校在奇望街。

四十区初等小学在城厢内外。

幼稚园在科巷。

附属中学校小学校在高等师范内。

日余夜学堂在安品街。

华中公学在金陵医院。

河海工程学校在大仓园。

金陵大学校在日本领事府旁。

旌德旅宁公学在水西门旌德会馆。

金陵神学在汉西门。

八旗小学堂共八所，在皇城。

江南海军学堂在仪凤门内。

江南陆军教育团在小营边。

---

① 北极阁：原书误作“北极园”。
② 南捕厅：原书误作“南补厅”。

随营学校在芦政牌楼。

监狱学校在三元巷。

江苏教育总会在夫子庙。

圣公会在门帘桥。

日本小学校在竹桥下。

宏育学校在鼓楼。

基督学校在鼓楼。

福音学校在鼓楼。

师范女子学校在马府街。

美淑女子学校在富民坊。

高等女子小学校在全福巷。

畲清女子小学校在故衣廊①。

巡警官学堂在巡警总局旁。

青年会在花牌楼。

元宁教育会在夫子庙。

华言学校在干河沿陶园内。

金陵中学校在干河沿。

来复学堂在洪武街。

基督英文学堂在花市。

高等女子学校在绫庄巷。

正淑实业女学校在边营。

公立幼女学校在泥马巷。

明育女学校在花市。

建业女子美术传习所在陡门桥。

---

① 故衣廊：应为"估衣廊"。

金陵学校一览表

高等师范国立，北极阁。河海工程学校江苏、安徽、河南、山东，公立。金陵大仓园。钟英中学校南捕厅，私立。

省立各校地址表

法政专门学校红纸廊。 第一师范学校苏州三元坊。

第二师范学校上海尚文门内。 第三师范学校无锡旧学前。

第四师范学校南京门帘桥。 第五师范学校扬州大汪边。

第六师范学校清江城内。 第七师范学校徐州东园。

第八师范学校灌云城内。 第一中学校南京八府塘。

第二中学校苏州城内草桥。 第三中学校松江城内。

第四中学校太仓城内。 第五中学校常州玉板桥。

第六中学校镇江旧府前。 第七中学校南通县署后。

第八中学校扬州羊巷。 第九中学校淮安东门。

第十中学校徐州城内。 第一农业学校南京三牌楼。

第二农业学校苏州。 第三农业学校清江。

第一工业学校南京复成桥。 第二工业学校苏州。

商业学校上海。

江宁县立各小学校

第一高等小学校府署街。 乙种高等商业学校升平桥。

第一女子高等小学校绫庄巷。

第一学区区立各学校

第一高等小学校奇望街。 第二高等小学校督粮厅。

第三高等小学校朝天宫。

第四高等小学校洪武街。

第一国民学校大行宫。

第二国民学校大沙珠巷①。

第三国民学校承恩寺。

第四国民学校金沙井。

第五国民学校新廊。

第六国民学校三条营。

第七国民学校小心桥。

第八国民学校荷花塘。

第九国民学校惜善堂。

第十国民学校猫鱼市。

第十一国民学校仙鹤街。

第十二国民学校前府学明伦堂。

第十三国民学校汉西门城圈。

第十四国民学校崔八巷。

第十五国民学校火星庙。

第十六国民学校北捕厅。

第十八国民学校新街口。

第十九国民学校卢妃巷②。

第二十国民学校程子祠。

第二十一国民学校三牌楼。

第二十二国民学校登隆巷。

第二十三国民学校下关。

第二十四国民学校夫子庙。

第二十五国民学校南门外。

第二十六国民学校中正街。

第二十七国民学校洪武街。

第一女子小学校胭脂巷。

第二女子小学校小膺府③。

第三女子小学校大行宫。

第四女子小学校平章巷。

代用第五女子小学校全福巷。

代用第一女子高等小学校全福巷。

第一学区私立各学校

经纬高等小学校南门外机器局。

经纬国民学校南门外机器局。

敦穆第一国民学校草桥。

敦穆第二国民学校黑廊。

敦穆第三国民学校下浮桥。

敦穆第四国民学校吉兆营。

---

① 大沙珠巷：应为大砂硃巷。
② 卢妃巷：原文误作“芦妃巷”。
③ 小膺府：应为“小膺福”。

启蒙国民学校黄泥冈。

粹敏女子小学校二道高井。

第二学区区立各学校

第一国民学校纯化镇①。

第二国民学校北候村。

第三国民学校索墅。

第四国民学校西北村。

第五国民学校桥头镇。

第六国民学校甘泉市。

第七国民学校龙都。

第八国民学校洪巷村。

第九国民学校土桥镇。

第十国民学校王墅村。

第三学区区立各学校

第一国民学校秣陵关。

第二国民学校秣陵关。

第三国民学校秣陵关。

第四国民学校禄口镇。

第五国民学校殷巷镇。

第六国民学校葛塘寺。

第七国民学校道静乡许村。

第四学区区立各学校

第一国民学校云台市陶吴镇。

第二国民学校元山镇。

第三国民学校东善桥。

第四国民学校小丹阳。

第五国民学校花神庙。

第六国民学校司家桥。

第五学区区立各学校

第一国民学校谷里村。

第二国民学校铜井镇。

第三国民学校江宁镇。

第四国民学校六郎②桥。

第六学区区立各学校

第一国民学校周村。

第二国民学校三山营。

第三国民学校板桥集。

第四国民学校圩镇街。

---

① 纯化镇：应为“淳化镇”。

② 六郎：今作“陆郎”。

第五国民学校西善桥。

第六国民学校上新河。

第七国民学校螺丝桥。

第八国民学校水西门外大街。

第九国民学校汉西门外凤凰街。

第七学区区立各学校

第一国民学校观音门。

第二国民学校江乘乡茶庵。

第三国民学校尧化门。

第四国民学校沈家圩。

第五国民学校赵家桥。

代用第六国民学校七里洲。

代用第七国民学校摄山渡。

第八国民学校迈皋桥。

第九国民学校兴卫。

第八学区区立各学校

第一高等国民小学校阳水镇。

第二国民学校九龙桥。

第三国民学校开林后村。

第四国民学校仙鹤门。

第五国民学校定林镇。

第六国民学校高桥门。

第七国民学校丁墅村。

第八国民学校西庄村。

第九国民学校桥东村。

第十国民学校东流村。

第十一国民学校作厂村。

第十二国民学校水西村。

第十三国民学校寺后村。

代用第十四国民学校上方门。

第十五国民学校马群镇。

教会学校地址表

金陵大学校鼓楼。

优级师范学校鼓楼。

金陵中学校干河沿。

初级师范学校干河沿。

附属两等小学校干河沿。

汇文女学校干河沿。

汇文女子大学校复成桥。

益智学校户部街。

明德分设女学校户部街。

培养女学校双塘。

益智女学校颜料坊。

来复女学校大石桥。

赫德女学校韩家巷。

汇文女子小学校富民坊。

金陵基督学校花市大街。

明育女学校大夫地。

圣保罗学校门帘桥。

成美学校彩霞街。

金陵神学汉西门大街。

明德女学校汉西门内。

培珍女学校五台山。

汇文女子小学校评事街。

畲清女学校估衣廊。

明育女学校花市大街。

进修两等小学校估衣廊。

基督小学校鼓楼。

华中公学金陵医院。

试馆志

祁门试馆在中正街考棚西街。

永清试馆在广艺街。

合肥试馆在马道街。

歙县试馆在大石坝街。

旌德试馆在大党家巷。

泾县试馆在白酒坊石灰堆。

升瀛试馆在马府街。

江阴试馆在金陵闸白塔巷。

庐江试馆在中正街。

贵池试馆在大石坝街。

婺源试馆在镟子巷。

皖怀试馆在大石坝街。

会馆志

山东会馆在讲堂大街。

山西会馆在颜料坊。

湖南会馆在钓鱼台。

湖北会馆在木屐巷。

江西会馆在评事街。

中州会馆在糯米巷。

安徽会馆在水西门大街。

浙江会馆在四象桥。

两广会馆在邀贵井。

石埭会馆在东牌楼。

贵池会馆在大石坝街。

太平会馆在甘雨巷。

旌德会馆在水西门大街。

普安会馆在张府园。

八旗会馆在九连塘。

公所志

钱业公所在绒庄。

尚始公所在古钵营。

米业公所在虹桥羊皮巷。

纸业公所在柳叶街。

锡箔公所在上元县街。

麸业公所在大膺府①。

书业公所在旧王府御街。

茶业公所在教敷营。

缎业公所在三坊巷。

普安公所在柳叶街。

鞋业公所在平章巷。

扇业公所在九龙桥三茅宫隔壁。

染业公所在雨花台下。

书铺公所在贡院西街。

酱业公所在牛市。

---

① 大膺府：应为“大膺福”。

祠祀志

黄文贞公祠在大石坝街。

大程子祠在下江考棚。

卓公祠在雨花台。

顾亭林先生祠在朝天宫后山。

三忠祠在南门外雨花冈。

袁崧生祠在绒庄。

昭忠祠在石桥。

张靖达祠在门帘桥。

祥公祠在北极阁山下。

上元节孝祠在龙蟠里。

曾文正公祠在四松庵。

刘忠诚公祠在湘军公所。

沈文肃公祠在龙蟠里。

马端肃敏祠在四松庵。

陶文毅公祠在督署东街。

卞忠贞公祠在朝天宫后山。

方正学祠在卓公祠旁。

谢公祠在高冈里。

诸葛武侯祠在军师巷。

张向二公祠在金沙井。

明御史景公祠在绒庄。

明王文成公祠在大行宫。

孝悌祠在夫子庙。

刘公祠在祥公祠旁。

江宁节孝祠在雨花台。

曾忠襄公祠在卢妃巷。

左文襄公祠在龙蟠里。

李文忠公祠在三条巷。

丰威壮公祠在西方庵。

林文忠公祠在督院东街。

慈善事业志

中西医院在西华门。

金陵医院在五台山。

仁育医院在卢妃巷。

贵格医院在螺丝转湾。

栗林医院在定湘王庙。

须藤医院在游府西街。

爱育医院在府城隍庙。

慈惠医院在广艺街。

清节堂在小油坊巷。

育婴堂在剪子巷。

普育堂在剪子巷。

养济院在富民坊。

官午痘局在五城。

救生总局在信府河。

救生分局在下关。

恤嫠米粥厂在东关头。

崇善堂在金沙井。

普善堂在南门外。

兴善堂在钓鱼台。

崇仁堂在绒庄。

济善堂在四圣塘。

广善堂在丁家巷。

继善堂在新桥梧桐树。

惜善堂在仓顶。

乐善堂在李府巷。

同善堂在南宫坊。

荫余善堂在科巷。

施药局在天喜长生祠。

惜字局在平章巷。

公善南堂在南门城外刘园前街。

复成仓在复成桥旁。

丰备仓在汉西门大街。

罪犯苦工场在巡警总局后街。

五城水龙总局在天青街白衣庵。

沛源水龙局在大中桥。

保安水龙局在珠宝廊。

九龙水龙局在通济门。

西挽水龙局在大香炉。

既济水龙局在北门桥。

共济水龙局在唱经楼。

涌济水龙局在下关。

西来水龙局在三山门外。

西流水龙局在驴头尖。

潮源水龙局在老府桥。

东福霖水龙局在大膺府[1]。

信河水龙局在信府河。

诚意水龙局在白酒坊。

作霖水龙局在南门外大街。

永安水龙局在上新河。

维新水龙局在三铺两桥。

时若水龙局在新桥。

泽施水龙局在三山街。

挹注水龙局在奇望街。

洋溵水龙局在评事街。

有尚水龙局在利涉桥。

永安水龙局在陡门桥。

沧溟水龙局在骁骑营。

宝霖水龙局在沙湾。

镟安水龙局在镟子巷。

东海水龙局在顾楼街。

聚霖水龙局在南门外西街。

潮汐水龙局在司署口。

有孚水龙局在小门口。

东挽水龙局在弓箭坊。

玉溵水龙局在承恩寺。

普宁水龙局在太仓巷。

永济水龙局在淮清桥。

① 大膺府：应为“大膺福”。

名园志

公　园

公园者，金陵省垣建筑物之最巨者也。始则为各国赛会之地，久则为公共游玩之场。正门在鼓楼狮子桥下，旁门在三牌楼之右。铁道、马路交错其前，实为南北之要冲。正门为一极峻之牌楼，仿法国式构造，壮丽巍峨，岿然矗立，颜曰“江南第一次物产会”。其余亭台楼阁，领异标新，皆采取各国菁华，直今之奇观也。缘梁附柱及盘旋屋顶檐际者，电灯几满数千盏，燃然光华夺目，明逾白昼，令人目不能开。二门则西式平屋五楹，围以高墉，形势如都城之雉，壁间上下，电灯其繁密如星罗。以内旁屋，分列东西，鳞次栉比，如雁翅之张。门前筑以圆形之马路，为各国出产赛会之所。其第三门则为高塔，矗然天半，电梯设于其中，以便游人上下，免步级之劳，气势峥嵘，亦满附电灯。第四层为本会事务所。圆形之马路至屋后仍归于一，康庄平直，车马殆可并驰。路之两旁，为中国各地陈列物产之所，诚所谓有形竞争，商务之振兴即在乎是。某所为某省所建者，即颜以“某省别馆”云。檐牙相接，一望无际。中或间以邮政局、电报房、大餐间、音乐会各屋。约里许即为公园之总门，门以铁栏为之，颜曰“绿筠花圃”，周回以竹篱，萧疏历落，野趣横生，芳草绿杨，爽心豁目。园以内路势曲折。入二门即为憩息所；次则为一八角茅亭，辟于竹院之中，以铁丝为槛，内豢各种禽鸟，饮啄飞鸣，羽族咸备。最巨者为一海雕，耸肩缩项，钩喙鸡爪，大于鹰隼者五倍。其次为夜枭，猫耳圆睛，光生睒聃，形极猛鸷。其他种类繁多，不及备载。再次则为鹤亭，亭面池中，蓄鹤数十只，皆灰色，唯有白鹤一双，顶红如血，搜翎杨羽，翛然自得。上罥以巨网。池之东有吸水机一部，上张以风车，车动引水而上，至一大水柜，柜底通铁管，直至池中。池心设浮木，上坐拐仙像，背负葫芦，司铁筦者扳其机，则水自葫芦涌出，溅玉飞珠，高喷数丈，谓之曰喷水池。池之再东，有玻璃房六楹，内植中西花卉百余种，万紫千红，四时炫烂。池之再西，有亭翼然，内置天然水晶一块，高可丈许，混沌未凿，洞然空明。园之极北，则有一茶社，或香茗，或加啡，予求予取，不汝瑕疵。内则明窗净几，洁无纤尘；外则周以回廊，领略野趣。园之东，又有一亭，围以铁栅，畜猛虎一，斑斓五色，势尤可惧。园外极西，又有一圆势之高亭，上下两层，明窗四面，系赛马场之观览所也。综观此园之宗旨，闻江南之胜会，启商务之竞争，棋布星罗，陆离光怪，叹观止矣。至于剧场、影戏、弹子房及乐部，无不毕备云。

愚　园

一名胡园，亦名植物社，为胡煦斋太守所筑，遗之文郎光国者也。在金陵城内凤皇台内花盏冈之东南。中汇大池，周以竹树，因高就下，置亭馆数十所。地极幽僻，树木扶疏。昔为徐锦衣西园，再易主而为吴中丞用光之园。今此园即吴园之故址。正门内有竹一片，幽篁嫩筱，可涤尘心。曲折历房廊数处，即至正厅。厅三楹，陈设朴素，古色古香。厅后叠石为小山，嵌空玲珑，极臻其妙；升高入险，变幻莫测。入其中者几疑置身阿房，有五步一楼十步一阁之概。欲东而反西，欲南而反北，高低升降，五花八门，又若误入鱼腹浦武侯八阵图之势。盖踞地不及亩许，而曲折回环、嵯峨嵚崎有出人意表者。且有数处亭台可以小憩，其经营之奇、结构之妙，不啻鬼斧神工矣。大江以南，假山之脍炙人口者，无不以姑苏狮子林为第一。若以愚园之假山较之，瞠乎后矣。假山尽处，有亭轩数处，回廊周遭，曲折尽致，仍达于正厅之后。厅之旁，则有洁室，曰水石轩。壁悬琴，几叠书，炉鼎字画，罗列天然。又有闰鱼骨，洵奇物也。小坐其中者，令人悠然意远。厅外有余地，陈列各盆景，护以石栏。栏外有方塘一面，名曰秋水。碧波涟漪，红莲芳馥。微风一过，绿盖红裳，楚楚作媚人态也。石栏之西，通一小径，绕塘蜿蜒，绿藓苍苔，屐痕隐约。循径，左则一水榭，右则为菊山。山之巅有合抱之古松，数百年物也。松之旁有古石矗立，望之作老人微步状，相传为六朝遗迹。山之背，竹篱茅舍，鸡犬桑麻，居然村民风味，名曰城市山林。漫游至此，令人生归田之思。循菊山而南，水中有舟亭，一解维而篙可容与中流。迤东有家祠，名曰栖云阁，内悬遗容于其中，千秋棹楔，足妥先灵。再东有海棠春睡轩，落叶满阶，苔痕浅印，窗外芭蕉数本，居怀素于绿天，扣禅关之幽静，实足据一园之胜。再东有鹿栅一、孔雀栏一，尤足为名园生色矣。稍南竹深处，有小屋数椽，名曰竹坞。隔断红尘，深藏竹里，或午倦抛书，或永昼敲棋，高卧北窗，凉风谡至，真羲皇以上之人。诚哉浓淡相宜，疏密合度，在金陵首屈一指。盖因他园之游玩一二次者即生厌，是园之游，玩至十次者犹以为未足，固不仅以石胜也。

刘 园

一名又来园，在南门外雨花台侧。山水清幽，林木掩映，为刘舒亭明府之别墅也。相其林泉，扩为亭榭栖馆，皆就天然之势而构造之。较诸人力经营者，真有霄壤之别矣。地当南郭，里近长干。有刘公墩，系刘叔亮先生之墓。水色湾环，山形起伏，邱壑虽不多，而一望俨如图画。由刘公墩渡山涧入梅林，曰访桥。桥之西有堤，横亘界溪，为双于其曲，曰罢钓湾。相传皆叔亮先生之遗迹。其溪南则为又来堂。堂之后，拓水榭出溪间，环以湖石，缭以文槛，曰凌波仙馆。俯视游鱼，浮沉可数，方塘半亩，清泓沁脾，云影天光，都归荡漾。仰观钟山横露，岚光青紫，风雨晦明，日常数十变，尤足旷目怡心。其溪北则为云起楼。凭栏远眺，岚翠溪光，扑人眉睫；而峰峦前拱，雉堞后环，望炊烟之四起，睹寒菜之一畦，高低掩映，几舄间何多胜观！绿溪自南而西，循荼蘼廊，浓阴芬馥，以游目藏春之坞、开樽拥翠之堂，则于春宜；自西而北，曲径通幽，师竹之轩居其左，倚竹之亭翼其右，则于夏宜；自北而东，入水月虚明之室，澄潭似镜，印月生辉，则于秋宜；自东而南，越山涧，巡回廊，登萦青阁，俯瞰梅花数百本，篱落水边，枝横雪压，则于冬宜。沿堤过板桥折而东，则广且数亩。循东皋西堤南入卧波桥而西，亦纡曲而沦漪，且环溪夹岸，垂杨与桃林相间，春时疑若武陵源，故向有小桃源之目。溪莲尤盛，落日放船，迎风送馥，如入荷花世界。而东南太湖之石，棋布星罗，溯洄从之，亦远者近者高者下者浮且沉者，如峰峦之兀峙，如岛屿之潆洄。一亭一榭，皆得自然活泼之趣。且其中器具，皆以竹为之，陈设亦极古朴，入其中者，觉人世之富贵皆浮云矣。是园也,诚哉以溪胜,宜雅而不宜俗也。

韬　园

蔡和甫侍郎所建筑。侍郎归道山,渐式微,其家人遂入于官。前临马路,两旁皆垂杨;后临青溪,回环合抱。园之外观,半宗西式,较之上海张园有过之无不及者。南北有两大门,门以内即一圆形之花田,嫣红姹紫,斗娇争妍。外以马路环之,修洁无伦。自北门入,有小屋数间,为臧护栖息之所。再进则一西式之楼屋,楼之上下,垩以银光白粉,清绝纤尘。中之陈设,亦尽西式。再进则一剧场,演台不甚巨而制则精。场可容数百人。剧场之上层则一露台,月夜可以聚饮,暑日可以纳凉。台之西有对厅十楹,式亦如尝。所可异者,则四面皆玻璃窗,嵌玻璃之框,各式不同,或琴或棋,或炉或鼎,或必定或如意,或花瓶或酒樽,博古形状,难以枚举。框中嵌以各色玻璃,旁则环以五彩,耀目晶莹,不可方物。骤入于中,如登百宝之山,令人目炫者久之。心思之巧,技艺之精,可谓鬼斧神工矣。外则用以亚字栏干。屋后有高楼,宏博壮丽,气象堂皇。楼之后门作月洞式。极西又为一花厅,雕制精致,陈设炫烂,所有之玻璃窗亦如对厅之形式。其余群房小屋甚多,有宜于敲棋者,有宜于小饮者,有宜于读书者,有宜于赏雪者。极南有一小亭,四周围以花木,亭中有石橙①、石桌,若长夏永昼,黑白一枰,真不啻神仙中人矣。院墙之旁开一门,临青溪水,可以便乘画舫者之游览。正屋之后则一桃园,种桃数千本,花时灿烂如锦,元都观里不是

① 石橙:应为"石凳"。

过也。综观是园，后枕钟山，前临青溪，桃柳千行，楼台五色，真足以翘楚一时。惟屋宇必参以西式，不知风雅之士以为何如?

薛　庐

全椒薛慰农先生掌教惜阴时，校舍设于汉西门之龙蟠里，人极风雅，文名才气泰斗一时，素为江南所推重。巨眼卓识，人无间言。先生于公余之暇，往往一棹青溪，偎红倚翠，不减名士风流之清兴也。龙蟠里之侧有乌龙潭，风景为西城之冠。山水清澈，花木扶疏，里人夙号为小西湖。策杖来游，亦觉故乡无此好湖山也。于是拓地三弓，筑庐数椽，挈眷退老于其中。屋不多而结构精紧，地不广而部置得宜，遂亦为骚客诗人所属目。其中藏书最富，牙签玉轴，坐拥百城。陈设亦古朴，回廊曲榭，连缀无痕，入其中者几迷其出路。最后临水辟一水榭，窗开四面，朝挹东爽，暮延斜晖，迎二三朋侪吟啸其中，王摩诘之辋川、孟浩然之鹿门，不是过也。榭之对岸为驻马坡，相传武侯曾驻马于此。先生为之建专祠，悬画像于其中，招僧人主持之。里人崇拜瞻仰，络绎不绝。又建亭台数处，为游览者憩息之所。所最幽僻者，有一小亭在水中央，颜曰“何必西湖”四字。其情其景，可想见矣。庙貌肖然，亭台在望，先生亟亟为吾邦兴名胜，即为已宅图写照也。北则有颜鲁公祠，曾文正公、沈文肃公祠，先生亦庐于其间，遂与数巨公并传不朽云。

古迹志

石　城

吴大帝沿淮立栅[①]，又于江岸必争之地筑城，名曰石城。诸葛亮驻军于此，论金陵地形云："钟阜龙蟠，石头虎踞，真帝王之宅。"在清凉山之西，去台城九里，南抵秦淮口。

台　城

晋成帝咸和七年，新宫成，名建康宫，即今之所谓台城也。在县东北五里，周回八里，梁武帝饿死于此。

越　城

春秋时，越既灭吴，尽有江南之地，于是筑城江上，以镇江险。周回二里八十步，在秣陵县长干里后。

冶　城

昔为天庆观，今为朝天宫也。本吴王夫差冶铸之所，因以为名。晋元帝大兴初，以王导疾久，方士戴洋云："君本命在申，而申地有冶，金火相烁，不利。"遂移冶城于石头城东，以其地为园。

金　城

晋桓温咸康七年，出镇江乘之金城。后温北伐，经金城，见为琅琊时所种柳皆十围，因叹曰："木犹如此，人何以堪？"因攀枝执条，泫然流涕。

---

① 栅：原书误为"棚"。

白下县城

唐武德元年，罢金陵县，筑城于此，因其旧名曰白下。三年，更江宁县曰归化。八年，更归化曰金陵。九年，更金陵曰白下，隶润州。正观九年，复更白下曰江宁，属金陵乡，去城十八里。

琅琊郡城

晋元帝过江，为琅琊国人立也。其城在江乘县界。齐武帝永明六年，移琅琊郡于白下，在县北十八里。

钟　山

俗呼紫金山，又曰蒋山。东连青龙山，西临青溪，南自钟浦下入秦淮，北接雉亭山。周回六十里，高一百六十八丈。琳宫碧宇，四十余所，在上元东北朝阳门外。

摄　山

一名栖霞山。东连画石山，南接落星山。周回四十里，高一百三十二丈。今去城四十五里。东北有千佛岩，岩下有白乳泉，后有天开岩。

方　山

一名天印山。在上元东南四十五里，周回二十七里，高一百一十六丈。秦始皇时，望气者云："江东有天子气。"乃东游以厌之。又凿金陵，以断其势。今方山石硊是其所断之处，淮水之流经其下焉。

土　山

在上元城南崇礼乡。周回四里，高二十丈。晋谢安旧隐会稽东山，因筑像之。无岩石，谓之曰土山。

牛首山

一名天阙山。在江宁城南三十里，周回四十七里，高一百四十丈。晋元帝即位，起宫殿城阙。郭璞云："阙不便。"王导乃指牛头为天阙。岳武拒金兵于此。

幕府山

在上元神策门外。周回三十里，高七十丈。晋元帝渡江，建康城荒落，以府第居县北山下，丞相王导建幕府于此，山因名之。

马鞍山

在上元定淮、清凉二门之间。高八十五丈，以形似得。西北连狮子山，与石头城相接。

覆舟山

在上元太平门内。周回三里，高三十一丈。东接青溪，北临真武湖，状如覆舟，因以为名。

鸡笼山

在覆舟山之西二百余步。周回一十里，高三十丈。其状如鸡笼，因以为名。明置观里台①，以观天下象纬。山上有御碑亭，旁有北极阁。

茅君山

汉时有三茅君，各乘一白鹤来居其上，故号为三茅君。世传茅盈、茅固、茅震，皆濛之后也。山在句容县东南四十五里。

---

① 观里台：应为"观星台"。

清凉山

在石城门内。山半有清凉寺，寺后有暑风亭。山巅有翠微亭，即南唐清凉台故址。

鸡鸣山

在北极阁旁。正临元武湖。齐武帝早游钟山射雉，至此鸡始鸣，故名。

狮子山

一名卢龙寨，在仪凤门外。明高帝克陈友谅，亲树旌麾，督战于此。

大壮观山

在上元太平、神策二门之间。周回五里，高二十丈。东连蒋山，南临真武湖，北临蠡湖。山俯后湖，六朝时为校肄舟师之所。

雨花台

俗呼聚宝山，在聚宝门外。梁武帝时，云光法师讲经处也。有雨花之异，因以为名。山脊曰石子冈，出五采宝石，甲于天下。山侧有方孝孺墓、马回回墓、俞通海墓。

三宿岩

在仪凤门外静海寺。中有危石，磊砢特起，崖穴相贯，虞允文尝三宿其下。上有宋人题名石刻。世相传为三宿岩。

献花岩

明成化间建，与祖堂相连。在土山南五里，上有花岩寺，楼阁甚盛。法融禅师曾入定于此，有百鸟献花之异，故名。

燕子矶

在神策门外观音门江滨。矶上有御碑亭，多石洞，极奇诡。天围山中，江转石底，称异境焉。三面悬壁，势欲飞去，故名。

赤石矶

雨花台之分支也。杨吴筑城，断而为二：一在城外东二里，枕卧江流，与台相连；一在城内为紫岩，乱石狰狞，俗呼老虎头。

梅　冈

在雨花台木末亭之东。豫章内史梅赜立功于晋，庙祀于此。此冈之所由名也。

落星冈

一名落星墩。在石头城西，有横陇，周回二里，高一十丈。西临大江，昔有大星落于此，故名。

花盝冈

一名伏龟山，又名仓山，明骁骑卫屯粮之所也。俗呼仓顶。仓上有一井，与江河通，大旱不竭。井中四方有铁金刚托之，井栏四围绠痕深入石数寸。

达摩洞

在幕府山下。有五峰，西北峰曰夹萝，一曰翠萝，俗传达摩渡江时，梁武帝遣使追，两蜂[①]忽合，骡夹不得前，故名。夹骡中有石洞，极幽邃。

石城洞

石头城西岭下。南临大江，有洞宛然。按，《真诰》云：“此

① 两蜂：应为“两峰”。

小有洞天之南门也。”

虎　洞

在上元城东清化乡。群石竦起，巉灵嵌奇，极怪伟之致。又有宫氏泉，相传为汉时有焉。

秦　淮

秦始皇东巡会稽，经秣陵，因凿钟山，断金陵长陇以疏淮。其淮本名龙藏浦，上有二源：一源发自华山，经句容西南流；一源发自东庐山，经溧水西北流入江宁界。

青　溪

吴赤乌四年冬，凿东渠，因以为名。发源钟山，入于淮，连绵十余里。隋炀帝①平陈，斩张丽华、孔贵嫔二妃于此栅下。在太平门外。其流九曲，远回秦淮一带。

北　渠

吴后主引北湖水入宫城，巡绕堂殿，穷极机巧，费役万工。在城北二里。

直　渎

吴后主孙皓所开。隶钟山乡，去县三十五里。西至霸□，东北接竹港，流入大江。在幕府山东北十四里，阔五丈，深一尺。

横　塘

吴大帝自江口沿淮筑堤，谓之横塘。即今之莫愁湖也。在三山门外河西。

---

① 隋炀帝：原书误作“随炀帝”。

后　湖

在丰润门外。一名元武湖。万柳垂堤四十里，中有五洲。

太子湖

晋元帝即位，明帝为太子，更加修之，多养武士于池内，筑土为台，时人呼为太子西池。在城北六里，周回十里。

燕雀湖

梁昭明太子在东宫，有一琉璃碗、紫玉杯，皆武帝之赐。既薨，诏置梓宫。后更葬，为阍人携入大航，有燕雀数万击之，为有司所缚，乃获二宝器。帝闻而惊异，诏以赐太孙，封坟之际，复有燕雀数万，衔土以增其上。坟侧有湖，故名燕雀湖。

莫愁湖

在三山门外河西，古曰横塘。旧有东卢莫愁居之。发逆之乱，古迹荡然，惟莫愁女、徐魏国公遗像尚在。曾文正持节于此，更加营建。炎夏纳凉，引人入胜。凭栏十里芰荷香，可于此咏之矣。

真武湖

吴后主皓宝鼎元年，开城北渠，引后湖水流入新宫，巡绕殿堂，穷极技巧。晋元帝始创为北湖，筑长堤以遏北山之水，东至覆舟山，西至宣武城。

汤　泉

在龙潭汤山之下。大小凡六处，汤涧绕其东南。四时常热，中有两处，乡人以为沐浴之所。去县五十里。

一人泉

在钟山北。双峰蔚起，上诣青冥。有泉水仅容一勺，挹之靡竭。西为黑龙潭，上为七佛庵，庵后有太子岩，或曰萧统读书处也。

第二泉

一曰永宁泉，在雨花台永宁寺。对面一泓，纤淫缕侵，取之不竭。上建瓦屋数间，以为茶舍。春夏佳赏，游屐纷遝，啜煮消遣，心境为之一清。中有许公振祎[①]集句一联云："携来天上团圞月，来试人间第二泉。"

祈泽泉

在东南，去府城二十里。有初法师者，结茅于此，日夜诵《法华经》，东海龙女来听讲，既而清泉涌出。天旱求之，雨即降。后人以为祈祷之所。梁置龙池、方池。

麾扇渡

晋广陵相陈敏反，南渡江时，假顾荣丹阳内史。荣发舟南岸，敏率众万数人出，不获济。荣以白羽扇麾之，其军遂自溃，因以为名。在县东南四里朱雀航之左。

五马渡

晋元帝与彭城王渡，有"五马渡江，一马化龙"。本有亭，今废。在幕府山。

桃叶渡

桃叶者，晋王献之爱妾名也。昔之桃叶渡，今之利涉桥也。是桥金云甫捐建，以便行人，故名曰利涉。今此渡移于淮清桥、利涉桥之间。

---

① 许公振祎：原书误作"许公振袆"。现据《清史稿》回改。

白鹭洲

在城西南八里，周回十五里，对江宁之新林浦。唐李白诗云："三山半落青天外，二水中分白鹭洲。"

景阳井

一名胭脂井，又名辱井，在台城内。陈后主与张丽华、孔贵嫔俱入井，隋军出之。其井有石栏，上多题字。旧传云栏有石脉，以帛拭之，作胭脂痕。或曰石脉之色类胭脂，故名。

应潮井

蒋山头陀寺中塔记云：梁大同元年，后阖舍人[①]石兴造山顶第一峰佛殿，后有一井，泉与江湖盈缩增减相应。

葛仙丹井

仙翁葛玄炼丹井也。吴大帝好道术，玄尝与游处，后玄白日升天。其井尚存，外有石栏。相传云南唐所造。今去城四十里方山顶上是也。

新　宫

晋谢安作新宫，造太极殿，欠一梁。忽有梅木流至石头城下，因取为梁。殿成，乃画梅花于其上，以表嘉瑞。今台城旧址犹存。

太初宫

吴孙权黄武中，徙武昌栋瓦而起，即长沙王孙策故府。在晋建康宫城西南，即台城之西南也。

建康宫

晋成帝咸和七年，新宫成，名曰建康宫，亦名显扬宫，即今

① 后阖舍人：应为"后阁舍人"。

之所谓台城也。在府北五里法宝寺之南。

明故宫

昔为紫禁城，今为驻防城也。一名皇城。明洪武二年九月建，六年八月告成。至成祖建北京时，移宫殿巨材北上以备营建，故柱础石础无恙。在洪武门内。

灵和殿

晋武帝时，殿下柳木蜀郡所献，条如丝缕。帝曰："此柳风流可爱，似张绪少年时。"绪字思曼。在台城内。

朱雀门

晋都城南门也。新宫立三门于南面，正中曰宣阳，与朱雀门相对；朱雀门又与桐树湾相对。桐树湾即今之信府河，在城南门近东。

新　亭

宋孝武即位于新亭，仆射王僧达改为中兴亭。去城西南十五里，俯近江渚。又有临沧观、劳劳亭，古送别场也。

三山亭

在城西五里清凉寺石头城之西，面对三山，其地属金陵乡。

木末亭

在南门外雨花台左。有御碑亭，又有宝积阁，今废。惟方正学祠、卓公祠尚存。

陶公亭

在丰润门外后湖中。有西式楼一座，四面荷花，足堪眺赏，都人士建此，以为两江总督端午桥之纪念。

东冶亭

晋太元中，于汝南湾东南置亭，为士大夫饯送之所。旧传在县东八里。

魁星亭

在夫子庙月牙池旁。乾隆乙未建。顶本赤色，后以多火灾，道光十年河水部汝霖以蓝磁顶易之。

旷观亭

在钦天山，今北极阁上。江宁藩司许振祎[①]建。亭内有残碑一道，摹刊“旷观”，兵燹后，碑文仅存一“观”字。登斯楼也，可以眺览后湖风景。

翠微亭

南唐时建。在城西五里清凉山巅。林逋有诗云：“亭在江干寺，清凉更翠微。”

血石亭

明故宫阶石上有一凹，雨后拭之，血痕宛然，相传为方正学草诏时齿血所溅。两江总督左公宗棠持节于此，建亭一座，以表其忠。亭旁三公祠，将阶石移于亭中，名曰血迹碑。

甘露亭

在覆舟山。陈七年闰月，甘露降，幸乐游苑以宴群臣，故造此亭。

钟　亭

在北极阁旁。江宁藩[②]许振祎[③]建。将卧钟厂之钟掘起，

①③　许振祎：原书误作“许振袆”。

②　江宁藩：应为“江宁藩司”，即江宁布政使。

悬于其上，撞之声闻数里。大门首题“元音再起”四字。

凤凰台

宋元嘉中，凤凰集于是山，乃筑台于山椒，以旌嘉瑞。在府城西南隅保宁寺侧，今为凤游寺。李白有诗云：“凤凰台上凤凰游，凤去台空江自流。”

卫玠台

晋卫玠，字叔宝，初字豫章。南辞王敦，归建业。都人闻其姿容，观者如堵。寻以疾终，年二十七。时人谓之“看杀”。葬江宁，在城南十里。

周处台

西晋周处，字子隐，义兴阳羡人。弱冠时，好驰骋，不修细行，州曲患之。自知为众所恶，慨然有改励之志。里人以“三害”切讽，于是射虎斩蛟，声名大震。今台在石观音三条营。

钟鼓楼

明洪武十五年建。楼上有圣祖戒碑，高二丈余，下有石龟驮之。大如屋，又曰碑楼。在唱经楼黄泥冈东。

孙楚楼

一名太白酒楼，在城西。李白登楼豪饮，有孙楚之慨。醉看绮裘，遇崔侍御于此，曾有诗云：“朝沽金陵酒，歌吹孙楚楼。”

落星楼

在县东北临沂县前。吴大帝时，山上置三层楼，楼高上出云霄，故名。今去城四十里。

景阳楼

齐武帝时，以宫内深隐，不闻端门鼓漏声，置钟于景阳楼上。宫人闻钟声，悉起妆束，因名曰促妆钟。今法宝寺西名遗址尚存。

三 阁

陈后主至德二年，在华林园光昭殿前起临春、结绮、望仙三阁，高数十丈，其窗牖、户壁、栏槛之类，皆近古所未有。后主自居临春阁，张丽华居结绮阁，龚、孔二贵妃居望仙阁。

凭虚阁

宋法宝寺中，后有阁，故名凭虚；上有望湖亭，明洪武间建；有施食台，迎西番僧结坛以度幽冥。在鸡笼山，即今之龙山也。

瞻 园

园以石胜，有高峰最峭拔[①]，友松、倚云、长生、凌云、仙人、卷石，亦名称其实。又有普生泉，昔为明徐中山王故邸，今布政司署。

遁 园

明顾文庄公所筑也。有郊旷楼、月鳞馆、高卧室、劈花舫诸胜。又有懒真草堂，松竹阴翳，最饶胜致。在城南花露冈愚园侧。

随 园

在上元清江门内汇文书院侧。袁简斋先生侨寓处也。因山筑基，引流为沼，有香雪海、蔚蓝天、群玉山头诸胜。悉为洪杨所毁，今地楼尚在。

万竹园

在西南近城根。昔徐中山王别墅，今邓太史旭之宅也。其

① 峭拔：原书误作“峭援”。现据清朝金鳌《金陵待征录》回改。

左近曰斑竹园，则龙孙之别派，幽篁成荫，群鹭飞翔，堪舆家谓为百鸟朝凤之吉壤，宜乎！父子督抚，绵延不绝。兵燹以后，亦荡为瓦砾场矣。

王府园

元南台遗址也。明祖为吴王，居之。新宫既成，此称旧内。其南城址尚存有旧，惟“旧内之门”四字今无。在承恩寺左近。

贡 院

明永乐创建。内有龙门、至公堂、明远楼、飞虹桥诸古迹，共号舍二万六百余。同治十二年，曾文正公重修，在夫子庙左。今科举已废，拟将改筑市场。

上林苑

宋孝武大明三年，于真武湖上立上林苑，在县北十三里。有古池，俗呼为饮马塘。

朱雀航

晋之朱雀航，今之镇淮桥也。在县城东南四里，对朱雀门，南渡淮水，亦名朱雀航。谢安置重楼并二铜雀于桥上，因名之。

珍珠桥

跨珍珠河，故名。国朝林古度宅有亭榭林泉之美。在宋行宫后。吕后泛舟于此。

长 桥

在东花园。旧跨长塘，碧杨红药，参差映带，最为歌舞胜处。今鹭峰寺古迹尚存。

谢公墩

一名白塘，王荆公故宅也。元丰七年，公请以宅为寺，赐额

"保宁"。今半山寺里许，有石阜隆起，相传为谢公墩。当年发遐想之处。在府城北。一迳[①]土色赤，俗呼为红土山。

桃花坞

在蒋山宝公塔之西北，旧有桃花甚盛。今尚存。

江令宅

南朝鼎族多夹青溪，江令宅尤占胜地，后主尝幸其宅，呼为侠客。今城东段大夫之宅正临青溪，即其地也。故王荆公诗云："昔日[②]江令宅，今日段侯家。"

陆机宅

陆机入洛，作《怀旧居赋》云："望东城之纡徐，邈吾庐之延伫。"在县南五里秦淮之侧。

诸葛恪宅

在今县东南百余步，面对青溪，其东即江令宅也。

祓禊堂[③]

在县北五里台城内。天渊池架石引水，为流杯之所。六朝上巳日，宴锡公卿于此。

商飙馆

一名九日台，去县北三里。齐武帝以九月九日宴群臣，讲武习射，应金风之节。今在钟山乡蒋庙之西南。

邀笛步

旧名萧家渡，在城东南青溪桥之右，今竹桥侧是也。晋桓

---

① 一迳：疑为衍字。

② 昔日：据《景定建康志》应为"昔时"。

③ 祓禊堂：原书误作"祓褉堂"。祓禊，古人于春秋两季临水洗濯以祓除不祥的祭祀仪式。

伊善吹笛，尽一时之妙。王徽之泊舟青溪，伊素不相识，自岸上过，船中客呼伊小字曰："此桓野王也。"徽之令人语之曰："闻君善笛，为我一奏。"伊素闻徽之名，便下车踞胡床，为作三调，弄毕，便上车去，宾主不交一言。

龙江关

一曰上关，在三山门外上新河。市廛辐辏[①]，商贾萃集，沿江第一重镇。清初置关于此，征收商税。江天旷远，兵燹后未设。

长干里

在南门外五里，有冈地平坦，远望报恩寺塔。后人有诗云："延瞩长干最古区，兴亡曾几阅吴都。只今惟有春前柳，依旧青青入画图。"

长干塔

在南门外报恩寺中。高百丈，九级八面，金碧琉璃，灯一百二十八盏，明永乐十年建，至宣德六年告成。又名琉璃塔。清朝咸丰二年为洪杨所毁，今仅存塔顶铁锅一口，在制造局前。

倒钟厂

在鼓楼侧，即钟楼旧址。明洪武十五年建。楼上悬鸣钟一口。二十四年铸造立钟一口，二十五年铸造卧钟一口。今悬钟、立钟俱废，惟卧钟尚存。

乌衣巷

在县东南四里，王谢故居也。谢以航海为业，一日海中失

① 辐辏：原书误作"幅辏"。

船，泛一木登岸，见一翁一妪，皆衣皂，引谢至所居，乃乌衣国也。以女妻之，谢思归，复乘云轩泛海，至其家，有二燕栖梁上，谢招之，即飞臂上，取片纸书诗系于尾。来春燕复来，因堂匾额曰“来燕”。

杏花村

明嘉隆间，汤太守熙台园。地不甚广而多佳树，亭子外有老杏数株，花开时灿若云锦，故名。在城西凤凰台。

三断石

在县南三十里，西接牛头山。丹阳云岩东路有碣石，长二丈，折为三断，此纪功之碑也。今移在府治中。可辨者二百余字，漫灭者五十余字。

剖心碣

《宋史》：金人渡江，留守杜充降，建康府判杨邦乂骂贼不屈，金人剖其心于此，实葬焉。有碣上书“杨忠襄公剖心处”。在石子冈下白杨路侧。

秦淮石志

南唐[1]保大中浚秦淮得石志，按：其刻有“大宋乾德四年”凡六字，他字磨灭不可识。令诸儒参验，乃辅公祐反江东时年号。太祖受命，国号宋，改元乾德，江左始衰弱。岂非威令所及，而符谶先著也？

瞻园遗石

明徐中山王园中故物。高二丈余，瘦削如峰，世所罕见。

① 南唐：原书误作“南阳”。

今在司道口三益公客栈天井中。

茅草凹

在钟山半腰下。有紫霞洞,道书"三十一洞天"。符坚南冠[1],至寿春,孝武帝祷神祈助处。风传三茅祖师甚灵验,春间朝山进香及烧拜香者众。

铁老鹳

在城南古桐树湾,今信府河玄帝庙前,竖长杆,嵌铁坎卦,上立铁鹳,俗呼为铁老鹳。正对蟒蛇仓。前人因屡遭火患,作此镇之,今废。

飞来翦

在朝天宫山后。旧有铁塔寺,此翦系顽铁所作,风传建塔时所遗者。至今荒烟莽草,似翦形半露土外,俗呼为飞来翦。

宝公《铜碑记》

《高僧传》:公讳宝志,宋元嘉中现形于东阳镇古木鹰巢中。朱氏闻巢中儿啼,遂收育之,因以朱为姓,施宅为寺。公自少出家,依于钟山道林。有《铜碑记》,多谶未来事云。

蟒蛇仓

石观音之故址。殿前有郗氏窟[2],盖梁武皇后化蟒处。武帝册为龙天王,立祠祀之。冈脊有周孝侯读书台。

铁　猫[3]

在花牌楼钟山书院背后,右有二铁猫,二叉陷于土,一叉在

---

① 符坚南冠:应为"苻坚南寇"。
② 郗氏窟:原书误作"郄氏窟"。
③ 铁猫:即铁锚。猫,通"锚"。

上，相传马三宝下西洋故物。妇人中秋抚之，可以生子，俗曰摸秋。

土人参

一名太子葠，产于孝陵卫懿文园。梁阮孝绪字士宗，母王氏有疾，合药须得土人参。旧传钟山所出，孝绪躬历幽险，累日不逢。忽一鹿前行，随后至一所遂灭，就视其处，果获此参。今山中常有之。

骨牌草

此草出自钟山，上有点毕肖，历历可辨，俗传能治劳瘵。如骨牌状，故名。但三十二名目中遍寻之，缺一二张不能完全，斯亦憾事也。

白牡丹

在朝阳门外李家庄，离汤水五里，高约五尺，花开大凡花数倍，色白金边。风传此种由白鹿衔来，洪杨曾移植城中，枝尽枯。乱平后，复原处，花开如初。真仙品也。

夫子庙

在东牌楼文德桥旁。正中大成殿，后有明伦堂、尊经阁，右有青云楼、孝弟祠。“东南第一学”五字，秦大士书；“泮宫”二字，朱子书；“天下文枢”四字，金坛王澍书。内有玉兔泉，外有大成泉，均石刻。

朝天宫

宋为天庆观，明为朝天宫。内有习仪亭，厥后有万岁亭。左有东麓亭，右有西山道院，皆登览最胜处也。今谓之文庙，踞冶山之巅。宫后有山，俗呼宫后山，即冶城旧址。在古城隍庙东。

层城观

齐武帝七月七日，使宫人集此。是夕穿针，以为乞巧之所。一曰穿针楼，在台城内。

神乐观

在洪武门外。明建，今改真武宫。

太平观

梁陶弘景读书万余，善琴棋，为诸王侍读。永明十年，脱朝服挂神武门，上表辞禄，诏许之。于是止于句容之句曲山，曰此是第八洞宫，名金坛华阳之天。贞观[1]九年，改为太平观。在句容县东南四十里茅山之侧。

天界寺

在南门城外。元朝为龙翔寺，明初始改。

永济寺

在观音门外。寺内有铁索穿石，系练尚在，疑是铁锁横江所遗之练。世有"沿山十二洞"、"铁锁练孤舟"之说。后人有诗云："飞阁临江宝筏然，普门愿力度人天。我闻不住是常住，底用孤舟铁锁牵。"

嘉善寺

在幕府山南铁石冈。寺内有石佛阁、一线天。

半山寺

王荆公故宅也，其地在白塘。元丰七年，荆公病愈后，请以

① 贞观：原书避清帝雍正名讳，写作正观，今回改。

宅为寺，因赐额“保宁禅寺”。寺后有谢公墩，其西有土曰培塿，乃荆公决渠积土之地。由城东门至蒋山，此半道也，故名。

灵谷寺

明洪武时建。内有梵王宫殿，又有无梁殿，极鬼斧神工之巧。在孝陵卫。

清凉寺

伪吴顺义中徐温建，为兴国寺。南唐升元初改石头清凉禅寺，后主复改清凉大道场。在石城门内清凉山半腰。

大士庵

一名观音寺，本灵下院。殿上有石高三丈，广如之，背刊“水晶屏”三字，孝感熊赐履书。正面凿大士像，光泽可鉴，如坐琉璃中。追琢之工，妙绝千古。在孝陵卫。

蒋帝庙

后汉秣陵尉蒋子文逐盗钟山，伤额而死。及吴大帝迁都建业，立庙于钟山，封子文为蒋公。权避祖讳，因改钟山曰蒋山。

炳灵公庙

后唐长兴四年，封东岳三郎为威权将军。大中祥符元年，奉敕封炳灵公庙。在府城新桥之西。

十　庙

在鸡笼山，左右环列，缭以朱垣，明之遗迹也。帝王庙、北极真武庙、蒋忠烈庙、都城隍庙、祠山广惠庙、汉寿亭侯庙、五显灵庙、卞忠贞庙、刘忠肃王庙、曹武惠王庙、卫国忠肃王庙、功臣庙，凡十二庙，皆洪武二十二年建，今废。俗呼曰十庙。

青溪夫人庙

在青溪岸侧，有神祠，世谓青溪姑，南朝甚有灵验，尝见形于人。祠今与上水闸相近。说者云隋平陈，斩张丽华、孔贵嫔于青溪栅下。今祠像有三妇人，乃青溪姑与二妃也。

吴大帝陵

《吴志》：神凤元年，大帝崩，葬蒋陵。在县东北蒋山八里。

晋穆帝陵

晋升平五年，葬永平陵，隶幕府山之阳，起坟。今幕府山前近西，里俗相传有穆天子坟，即其地也。

明孝陵

在庙阳门[①]外十五里。陵门石人石马侍列两旁，俱无恙。上有御碑刊“道隆唐宋”[②]四字。陵侧有井，水红色，名血龙井，有石龟压其上，风传饮此水者可增气力。所异者掷砖于石人、石马顶上，落下者生女，不落下者生男，有奇验。

晋郭璞墓

真武湖[③]中有大墩，里俗相传曰郭璞墓。

吴步夫人墓

吴赤乌元年，追拜夫人步氏为皇后，后合葬蒋陵。今蒋庙西南有孙陵冈，上有步夫人墩，墩侧有夫人冢，乃其地也。

懿文太子墓

在孝陵卫。上产土人参，地脉之厚，于此略见一斑。

---

① 庙阳门：应为“朝阳门”。

② “道隆唐宋”：应为“治隆唐宋”。

③ 真武湖：即玄武湖。因避清康熙帝玄烨名讳而改“玄”为“真”。

南朝寺院志

吴

建初寺

在古宫城南七里今花露冈之南。吴大帝建。在东曰石佛院;在西曰法性寺,后改尼寺。

晋

长干寺

在古秣陵县东大长干。相传周敬王时阿育王所造。宋名天禧寺,元名慈恩旌忠寺,明永乐建大报恩寺。

高座寺

本名尸黎密寺,又名甘露寺。晋咸康中造。在石子冈东。今为永宁寺。

白马寺

晋高僧支道林居之。

延兴寺

在运渎西岸今北乾道桥一带,晋康帝褚皇后所建。

建福寺

晋中书令何充[①]建也。

庄严寺

在竹格港,今之竹竿巷。一名塔寺。宋改名谢镇西寺。陈改名兴严寺。

---

① 何充:原文误作"何允"。

栖禅寺

晋征北将军蔡谟所立。

何皇后寺

在西州桥侧今仓巷桥。晋穆帝何皇后所造尼寺。

建兴寺

在何皇后寺南运渎高睡桥西渚。

彭城寺

在秣陵县东南门，临御街，今高井一带。晋穆帝彭城敬王纯所造。

东安寺

晋名僧支道林因哀帝征请出都[①]，住此寺三载。

祇洹寺[②]

在凤凰楼之西今新桥之西。宋武帝起立白塔，改名白塔寺。唐改名长庆寺。宋改名保宁寺。

瓦官寺

在小长干三井冈，今之花盝冈。杨吴改名吴兴寺。南唐改名升元寺。今为凤游寺。

波提寺

晋简文帝即位自立，今废。

临秦寺

晋侍中中书令王坦之所造，以门临淮水，故名。

---

① 出都：应为“入都”。

② 祇洹寺：原书误作“祗洹寺”。

安乐寺

在临秦寺旁，亦王坦之所造也。

新亭寺

晋孝武帝以钱十万买新亭冈为基，起塔三级，故名。宋改名中兴寺，又改名天安寺。

中　寺

在旗亭壁水之间，今南门镇淮桥左近。晋会稽王道子所造。

冶城寺

在城西北，本吴冶铸之地。晋建寺于此，故名。

太后寺

晋褚、何二后创之，距冶城寺不远。

法王寺

天禧寺下院，今之大报恩寺三藏殿。晋沙门鸠摩罗什建。

白塔寺

在法王寺西，即葬三藏国师鸠摩罗什舍利顶骨之所。

枳园寺

在都城之东郊，今明故宫之东南。晋车骑将军琅邪王邵所造。

越城寺

昔范蠡筑城江上，在小长干之东，谓之越城。今以地名其寺。

开福寺

在治城东南，晋时之所建也。宋改景福尼寺。南唐又改景福为永福。

归善寺

在鸡笼山东上林苑前，晋时建。

斗场寺

在秣陵县三桥篱门外斗场里，因名。今聚宝门外左近，又名道场寺。齐永明又名明安寺。

崇明寺

晋释僧慧与长安人徐长生所造，在破坞村中。以灯表瑞，故名。今之靖安镇。

延贤寺

在钟山侧，晋义熙中之所立也。

青园寺

在覆舟山下，晋恭思皇后褚氏所本种青处①，故名。宋文帝改名龙光寺。唐咸通二年重兴，号月灯禅院。

禅众寺

在古察战巷后，今评事街嘉兆巷。

护身寺

在御街东，以晋太子宫地为之。

耆阇寺

东晋时所建，在鸡笼山西。前有纱市，市中有蚕室，为六朝皇后躬亲之所。明重建，名普缘寺。

招提寺

在石头城北。晋宋之交，谢康乐有《招提精舍》诗，则必造

---

① 此句应为“晋恭思皇后褚氏所立，本种青处”。

于典午末也。

简靖寺

尼寺也。晋释安慧则手自书写《大品》一部藏于寺。

天宝寺

晋时所置，在古潮沟，盖玄武湖之南也。唐开元中，改为天宝寺。

长寿寺

在潮沟后，与天宝寺隔水相望。

宋

祈泽寺

在祈泽山，距城二十里，今高桥门外。宋少帝景平元年建。宋治平改名治平寺。

平陆寺

宋少帝[1]景平元年，平陆令许桑舍宅建刹，因名。

高台寺

宋晋景平元年[2]置，在秣陵南八十里，今之朱门乡。

竹林寺

宋元嘉元年[3]，外国僧毗舍所造，在华林园侧，今鸡笼山旁。

迦毗罗寺

在元龙翔寺之后，今之北门桥一带。南唐改真际寺。宋名宝戒寺。

---

① 宋少帝：原书误作“晋少帝”。

② 宋晋景平元年：“晋”为衍字。应为“宋景平元年”。

③ 宋元嘉元年：原书误作“晋元嘉元年”。

定林寺

在钟山下蒋陆里。宋元嘉元年，为僧慧览所造。

严林寺

在秣陵县东南四十五里。宋元嘉二年，僧招、贤二法师所造。

宋兴寺

一名兴教寺，在长干里之南。宋武帝故居而造也。

报恩寺

在天竺山东南。宋文帝为高祖所建。吴改造，名奉先寺。南唐改报慈寺。宋名能仁寺。

青园尼寺

在覆舟山。宋元嘉，驸马王景深[①]为母范氏，以王坦之祠堂与尼业首为精舍。

南国寺

有颖法师，持律精严，净秀尼尝于是受戒。

龙华寺

宋元嘉中，释昙超居之，后有僧念避世于此。

南林寺

在中兴里。司马梁王妃舍宅为晋陵公主造也。

永丰寺

本名长安寺。宋元嘉四年，谢方明所造也。

崇福寺

在南门外。宋元嘉十年，因高僧楚云所居，赐以院名。

---

① 王景深：原书误作“王景琛”，新安公主婿，太原人。

宋熙寺

天竺僧伽罗多哆所建也。

善居寺

在钟山之右。宋元嘉中置,后改下云居院。

竹园寺

在蒋陵里檀桥,尼寺也。宋元嘉十一年,临川公主所造。

铁索罗寺

晋时尼寺也,在城南门外。宋西域尼铁索罗居此,故名。宋、齐为翠灵寺,又为妙果寺。

上定林寺

在下寺西山上。宋元嘉十二年高僧昙摩蜜多所移建也。

灵鹫寺

宋杯度道人自南州移居于此。

王国寺

尼居也。宋元嘉二十二年,孔熙先等谋逆,有尼法静交结豪贵,不守戒律。

延寿寺

宋义阳王昶母谢太妃所造。唐改名延熙寺。

乌衣寺

在乌衣巷。宋元嘉时释慧叡与慧义同居于此。

齐福寺

宋元嘉三十年置此寺。

天竺寺

宋求那跋陀罗,中天竺人,寺因以是名。

禅冈寺

在京都南冈下，今之赤石矶。宋孝建二年，萧惠开为父思话而造也。

司徒寺

宋司徒何尚所造，故以官名其寺。

法轮寺

在覆舟山下，亦何尚之所造也。

南涧寺

在落马涧，今之南门外西街涧子桥，寺因以名。

大庄严寺

宋大明中路太后所造。寺前有市，今之笪桥市。

幽栖寺

在牛首山。宋大明三年，建寺于其上，因名。后改为祖堂寺。吴重置，改名延寿院。

何园寺

宋齐释慧亮渡江，止于此。

灵曜寺

在蒋山西。宋大明六年甘露降于寺。

多宝寺

梁任孝恭有多宝寺碑铭在。

北多宝寺

别乎在南者言之也。

药王寺

宋竹林寺僧慧益焚身礼佛，孝武帝于是处建寺，设会度人，以纪征祥，建精舍。南唐改正觉寺，又名铁塔寺。

正觉寺

在新亭。宋领军萧道成筑垒于此，防卫都城。

闲心寺

在娄湖苑，今之门东老头虎。宋张永所造。

龙渊寺

在小丹阳牛落山。宋升明中僧远所筑精舍也。

灵味寺

在钟山之侧，宋释县宗尝居之。

天王寺

在梅岭冈，今之雨花山。梁时太子园也。南唐改奉先禅院。赵宋为普光寺。明为宝光寺。

旷野寺

在新亭，刘宋所造。唐改禅居院。杨吴改崇果院。宋为崇因寺。明呼邱厂寺。

隐静寺

刘宋所造。有黄杨树，高丈许，至清初犹存。

齐

建元寺

齐高帝践阼时所置，故名建元。在青溪上东南角。

毗耶离寺

齐建元时，西域僧求那毗地来京师，敕使居之。

正观寺

齐时,中天竺僧求那毗地以所[①]。

栖元寺

在鸡笼山东北。宋王宏舍宅为寺,今潮沟畔遗址尚存。

新安寺

在青溪鸡鸣桥北。宋孝武宠姬殷贵妃薨,为之立寺。

外国寺

宋孝武,有外国沙门摩诃至都下,建寺以居之。

禅林寺

宋大明,有尼净秀,黄修仪及南昌公主置精舍以居之。

湘宫寺

在青溪中桥之北,今之四象桥。宋明帝为湘东王故宅也。践阼以后,即造此寺。

兴业寺

在青溪菰首桥,与宋湘宫寺相望也。

永安寺

宋泰始二年建,南唐起塔于此,号归寂塔院。

天保寺

宋泰始中,京师民为孝武帝立寺也。

正胜寺

宋泰始六年,建康人校长生舍宅为寺。

兴皇寺

在建阳门外。宋明帝泰始之初创立,敕释道猛为纲领,

① “以所”后似乎缺字。

故名。

灵根寺

在钟山之侧。宋泰始中,释僧瑾所造也。

灵基寺

亦释僧瑾所造。

延祚寺

在冶城后冈上。宋泰始中,邦人舍地供献,营造此寺,在秦淮水侧。

众造寺

建于齐时,王僧达请僧远居之。

崇圣寺

尼寺也。齐有慧首尼居之。

孔子寺

晋太元所置,在长乐桥,即今之马道街一带。

大仁寺

在长乐桥。

兴福寺

齐京师人为释道儒而造也。

洞玄寺

齐永明元年所置,有僧法可立石。

山茨寺

齐周彦伦所立山茨精舍,在钟山侧。

太昌寺

齐僧宗所自造也。

隐灵寺

齐武帝佛会极盛，四月八日，敕遣宦阉守门，男女分日顶礼。

齐安寺

齐武帝旧宅也。至赵宋遂改为妙净寺云。

普宏寺

在齐京师，文宣图其影像于此寺。

禅灵寺

齐永明七年武帝所造之尼寺也。宫人愿出家者许其入寺焚修。

集善寺

在钟山之西。唐毁复置，改名法云寺。

法云寺

齐永明中，子良尝招集名僧，开讲于此。

石室寺

在钟山之后冈，释僧侯创立，以为安禅之所。

栖霞寺

在摄山。齐永明七年，僧绍舍宅成此寺。

草堂寺

齐周彦伦栖遁处也。因所居名曰草堂寺。

齐隆寺

在广明门侧，即今之复成仓一带。因王谥改名宣武。

齐熙寺

齐时所建。梁初名僧释道琳居之。

齐古寺

在石城东北六十里。齐时置，赵宋改为乐林院。

法音寺

齐僧慧廓尝居于是。梁时有甘露降寺松叶上。

胜善寺

在钟山之右。齐建武二年南海王子罕所造。梁时为尼所居。后为僧院，谓之上云居寺。

慧眼寺

在同夏里，今之赤石矶。南齐时江蒨所造也。

梁

智度寺

在青溪边。梁天监元年，武帝为献后造是寺。

法王寺

梁武帝立，在新林界，以其地置寺。

永建寺

在雁门山。梁李师利造。南唐改为隐静院。

无垢寺

在凤凰山之南。先名天喜寺，梁改造更名。

佛窟寺

在牛首山。宋太平兴国，名崇教寺。明洪武，名宏觉寺。

仙窟寺

在天阙山西峰中有石洞，梁武帝于其下置寺。

虎窟寺

在牛头山。伏虎洞实当其侧。

常乐寺

在牛首山前。唐改资善院。南唐又号福昌院。

敬业寺

梁礼部侍郎卢法震所造。

净居寺

在南郭外。梁颍川[1]刺史刘威所造。

小庄严寺

在建业定阴里。本晋零陵王庙地。

光宅寺

在同夏里，今之赤石矶一带。梁武帝故宅。

萧帝寺

梁高祖所立。南唐改名法光寺。宋曰鹿苑寺。今之石观音故址。

明庆寺

在蒋山上。梁后阁舍人[2]王昙朗[3]所造也。

涅槃寺

在建康县北二十里，今之神策门外。梁沙门僧宠所造。

翠微寺

在涅槃寺后山顶。梁天监七年置。

皇宅寺

在蒋陵。梁天监八年作佛会，凡上士一百八人。

---

① 颍川：原书误作“颖川”。
② 后阁舍人：应为“后閤舍人”。
③ 王昙朗：据《建康实录》应为“王昙明”。

本业寺

在蒋山里。梁比邱净洁舍宅所造。

解脱寺

在太清里。梁武帝为德皇后造。南唐起塔，为寂乐院，后改百福院。

幕府寺

在幕府山。晋元帝中兴，王丞相导建节驻军之所。山半有达摩洞，后改秀岩院。

同行寺

在幕府山。梁武帝与宝志公同登，因名。吴名秀峰院。宋改宝林寺。

法清寺

在湖熟。梁天监中建。宋号昭文精舍。

永庆寺

在冶城。梁永庆公主所造。寺有砖塔，又名白塔寺。

劝善寺

在冶城山左。梁武帝为释宝志造也。

开善寺

梁葬宝志于钟山。唐为宝公院。宋为太平兴国寺，又为蒋山寺。今之灵谷寺。

庆云寺

在摄山。梁天监末，定林寺有佛牙，为寺僧慧兴所劫得，宝藏之。

净名寺

在土山。晋谢安别墅之所在也。本为资福寺。梁武帝改今额。明改翼善寺。

杜桂寺

梁天监中,有杜、桂二姓舍宅为寺,因名。宋改为香林寺。

观音寺

在黄干村,去城南五十里。梁天监中置,至宋废。

资圣寺

在白都山侧,去城西南六十里。梁武帝置。俗呼白都院。

佛坛寺

在上公山,去城西南六十里。梁置。一名佛龛山,亦谓之慈相院。

永泰寺

在吉山南,去城南五十里。梁武帝建。南唐名为净果院。

天光寺

在同夏里,梁武帝故居也。陆倕制有寺碑。

建陵寺

梁武帝佛教大炽,都下塔寺凡五百余所,皆有碑,必请名士制铭。

栖隐寺

刘孝绰《寺碑铭》有云:“地虽旧邑,其宇维新。”

惠日寺

在建康西尉定阴里,县东二里。梁武帝十八年舍宅为寺,以惠日名。

太爱敬寺

在钟山涧竹[1],去县西南十八里。唐改为禅院。宋开宝中,移入城,名寿宁寺。

神山寺

梁昭明太子造,晋安王纲制碑以纪之。

永明寺

在秣陵县东南五十里,梁南平襄王造,唐废。

果愿寺

在建康县东北五十里,尼所居也。梁普通元年造。

须陀寺

在建康县东北七十里,梁东阳太守王均所造也。

头陀寺

在上元靖安镇,梁普通二年置。宋建隆中,改天王院云。

猛信尼寺

在秣陵县东南五十里,梁后阁主书[2]高僧猛所造也。

福静寺

在钟山之后,梁定修义所造。南唐改为了缘塔院。

静福寺

在城东南六十里,梁普通时置。南唐为延福禅院。

众造寺

在建康县东北五十里,梁后阁舍人吴庆之所[3]。

---

① 竹:疑为"侧"。
② 后阁主书:应为"后阁主书"。
③ "吴庆之所"后疑漏一"造"字。

建业寺

梁时僧愍尝从昭明太子咨解二谛义焉。

慈觉寺

梁昭明太子为母丁贵嫔所造也。

善觉寺

在建康县东太清里，比邱尼所居也。

同泰寺

在宫城北掖门外路西，本吴之后苑，晋廷尉故署也。南唐为净居寺，又改圆寂寺。宋分其半为法宝寺。

北　寺

同泰寺之前院。以其在宫城北，故曰北寺。

清玄寺

在城北二十五里，今观音门外钟山乡。梁大通元年置。南唐改名清真寺。

园居寺

在秣陵县南四十五里，比邱尼所居也。梁舍人袁颧造。

禅岩寺

在秣陵县南三十五里，梁大通元年严祛之造。

法苑寺

一名广化寺，在秣陵县南五十里，梁张文造。

大心寺

梁伏挺被罪出家，匿于其中，逢赦乃出。

华严寺

梁时有长爪禅师为谢贞说法。

方乐寺

在建康城东北六十里。元改常乐院。

东林寺

有智表法师,多藏书。梁湘东王绎尝就写得之。

头陀寺

在蒋山北,梁舍人石兴造。宋徙置山下,改普济寺。

万福尼寺

梁大通元年吴僧畅造。

本愿尼寺

梁湘州刺史萧环造。

平等寺

梁大同二年三月,帝幸同泰寺,设平等法会时建此寺。

普光寺

在建康县西北八十里,梁安丰县令张延建此寺。

化成寺

在秣陵县西南七十里,梁县令陶道宗造。

慈恩寺

在建康县西北二十五里,梁邵陵王纶造。

善业尼寺

在秣陵县西南五十里,梁大同二年兰恪造。

寒林寺

在秣陵县东南三十五里,梁常侍陈景造。

金口寺

在秣陵县东南八十五里金口里,梁时建。杨吴改灵鹫院。

宋改隆教院。

福兴寺

在秣陵县西南百里塘，今之铜井镇。梁袁平造。宋名殊胜寺。

天中寺

梁太子纲所造。

一乘寺

在丹阳县东南六里，梁邵陵王纶所造。寺门有凸凹花，因呼凸凹寺。

归来寺

梁元帝有《归来寺碑》。

飞流寺

在钟山。有碑，梁湘东王绎所撰。

甘露古寺

有敬脱法师开讲于寺。

梁安寺

阮修容（梁武帝后宫，湘东王绎之母）以私财所造。

宣业寺

亦阮修容所造。

福成寺

亦阮修容助资所造。

定果寺

亦阮修容助资所造。

灵光寺

亦阮修容舍施所及。

履道寺

在秣陵东南二十五里，梁贞威将军、给事、后阁舍人章法护造。

渴寒寺

与履道寺同造。

山斋寺

梁尚书令谢举将宅内山斋舍以为寺。

到公寺

近淮水。梁时到溉为散骑常侍，舍宅为寺，没时如生。

景公寺

梁时江僧为之画壁。

幽岩寺

在秣陵县南四十里，梁永康公所造。

青山幽岩寺

梁承圣二年，入秣陵青山筑寺，亦名幽岩。

仪香尼寺

在秣陵县东南五十里，梁太清元年宫获造。

灵隐寺

在秣陵县东南五十里，梁炅待公造。

宣门寺

尼所居也。梁谢贞母出家于是。

天皇寺

梁简文帝所建。内有柏堂，张僧繇画卢舍那佛及仲尼十哲像。

陈

怀安寺

在台城之侧，陈初所建也。

慧福寺

在江宁。陈文帝天嘉元年立，尼所居也。

国胜寺

在横山落马涧。陈文帝章后舍宅为寺。

杨都寺

陈时有释智恺居之。

栖灵寺

陈时有张善果画壁。

大皇寺

陈宣帝建，十年，为雷震毁。

宝田寺

在白土冈北。陈祯明三年，后主遣诸军拒之，忠武将军孔范屯于寺前。

证圣寺

在运渎东南，宋呼为木平寺。

宝城寺

在建康县东北四十五里，今上元县清风乡。唐改衡阳寺。

义和寺

有梁昭明太子书寺额。

四无畏寺

有徐陵刹下铭。

违警律志

—无故布散谣言者。

—违背章程搬运火药及一切能炸裂之物者。

—未经官准制造烟火或贩卖者。

—于人家稠密之处点放烟火及一切火器者。

—于人家近傍或山林田野滥行焚火者。

—房屋势将倾圮由官署督促修理而延宕不遵者。

—损坏邮政专用物件情节较轻者。

—游荡不事正业者。

—于私有地界内发见尸体不报官署或潜移他所者。

—暗娼卖奸或代媒合及容止者。

—加暴行于人未至成伤者。

—于城市及人烟稠密之处开设粪厂者。

—于官吏办公处所聚众喧哗不听禁止者。

—违背章程储藏火药及一切能炸裂之物者。

—知有前三款之犯人而不告知巡警人员者。

—发见火药及一切能炸裂之物而不告知巡警人员者。

—当水火一切灾变之际由官署令其防护而抗不遵者。

—妨碍邮件或电报之递送情节较轻者。

—妨碍电报电话之交通情节较轻者。

—僧道恶化及江湖流丐强索物者。

—无故携带凶器者。

一唱演淫词淫戏者。

一未经官准售卖含有毒质之之药剂者[1]。

凡犯右列[2]各款者,处十五日以下十日以上之拘留或十五元以下十元以上之罚金。

一因曲庇犯本律之人故意藏匿或湮灭其证据或捏造伪证者。

一诬告他人犯本律各款或伪为见证者。

一污损祠宇及一切公众营造物者。

一偶因过失污秽供人饮用之净水致不能饮用者。

一毁损或除去官发告示者。

一毁损墓碑者。

一违背一切官定卫生章程者。

一解放他人所系牛马及一切兽类未至走失者。

一违背章程损伤森林树木者。

一解放他人所系舟筏未至漂失者。

凡犯右列各款者,处十日以下五日以上拘留或十元以下五元以上之罚金。

一违背章程营商工之业者。

一凡死出非命未经呈官相验私行葬埋者。

一凡疏纵疯人或狂犬及一切危险之兽类奔突道路或入人第宅者。

一于私有地界当通行之处有沟井及坎穴等不设覆盖及防

① 毒质之之药剂者:其中有一"之"字为衍字。

② 右列:原文竖排,故称右列。下同。

围者。

—于多人聚集之处及湾曲小巷驰骤车马或争道开车不听阻止者。

—夜中灯火疾驰车马者。

—违背章程开设戏园及各项游览处所者。

—乘自行车不设铃号者。

—以木石堆道路不设防围或疏于标识点灯者。

—未经官准于路傍河岸等处开设店棚者。

—毁损路上植木或路灯者。

—于官地牧放牲畜不听禁止者。

—潜伏无人之屋内者。

—以瓦砾或秽物及禽兽骸骨掷道路或投入人家者。

—毁损道路桥梁之题志及一切禁止通行或指引道路之标识等类者。

—渡船桥梁等曾经官署定有通行费之处而于定数以上私行加索或故阻通行者。

—于道路酗酒喧噪或醉卧者。

—于道路高声放歌不听禁止者。

—于道路口角纷争不听禁止者。

—于私有地界外建设房屋墙壁及轩楹者。

—由官署定价之物而加价贩卖者。

—于禁止出入处所滥行出入者。

—于路傍为类似赌博之商业者。

凡犯右列各款者，处五日以下一日以上拘留或五元以下一角以上之罚金。

一凡茶馆酒肆及各项游戏处所主人或经理人于巡警官署所定时限外听客逗留者。

凡犯右列各款者处十五元以下十元以上之罚金。

一于巡警官署所定时限外逗留茶馆酒肆及各项游戏处所者。

一当众骂詈嘲弄人者。

一凡业经悬牌行术之医金或稳婆无故不应招请者。

凡犯右列各款处十元以下五元以上之罚金。

一迁移婚娶生死不遵章程呈报者。

一旅店不将投宿人姓名住址及其职职[①]呈报者。

一未经官准擅兴建筑或修缮或违背官定图样者。

一于路旁罗列玩具及食物等类不听禁止者。

一将骡马诸车横于道路或堆积木石薪炭等类妨碍行人者。

一并牵车马妨碍行人者。

一将冰雪尘芥投弃道路者。

一于道路游戏不听禁止者。

一于谕示禁止通行之处而通行者。

一凡车夫轿夫马夫船夫及一切傭工人等豫定傭值而事后强索加给或虽未豫定而事后讹索者。

一毁损明暗各沟渠或受官署督促不行浚治者。

一无故毁损第宅题志店铺招牌及一切合理告白者。

---

① 及其职职，应为"及其职"。

—于渡船桥梁等应给通行费之处不给定价而通行者。

—滥系舟筏致损毁桥梁堤防者。

—并舟水路妨碍通船者。

—受官署之督促不洒扫道路者。

—疏于牵牛马等类妨碍行人者。

—消灭路灯者。

—奇装异服有关风化者。

—未经本主允许诹人家墙壁贴纸或涂抹者。

—装置粪土秽物经过街市不施覆盖者。

—在官地或他人私地内私掘土块情节较轻者。

—践踏他人田园或牵入牛马者。

—采食他人园囿田野之菜果或采折花卉者。

凡犯右列各款者处五元以下一角以上之罚金。

附则

一、凡曾犯本律,完结后六个月以内,在本区再犯者加重一等。

二、受申饬者六个月以内在本区再犯者加重二等。

三、凡商人六个月犯本律至三次者,应令停业至十日为止。若屡犯不改,则勒令闭歇。

邮政定例志

信　件

长不得逾二尺，宽、厚不得逾一尺，重不得逾四磅（即华三斤）。

货　件

重不得逾英十二两，长一尺，宽八寸，厚四寸；如系成卷，其长一尺，径宽半尺。

包　裹

轮船铁路所通之处，长、宽、厚可至一尺，重二十二磅；轮船铁路未通之处，长、宽、厚不得逾一尺，重不得逾六磅（即华四十斤[①]）。

新闻纸刷印物书籍及贸易契

重不得逾四磅，长、宽、厚不得逾一尺五寸；如系成卷，其径宽不得逾四寸，其长可至二尺五寸。至封裹之法，勿将该件盖严，以便易于查看辨认。

包裹保险费

往来内地之包裹，其保险费按估价值百抽一核算，至少不得在一角以内；如系往来外洋之包裹，仍须另加。

斤　重

凡邮局所用之分量均按英磅合算。英一磅，即华十二两；英一两，即华七钱五分；英一钱，即华七分五厘。如分量再重

① 华四十斤：应为“华四斤”。

者，以此类推。

信件费

明信片一分半。邮票粘贴，无论路之远近，均三分。其重逾五钱以上须加粘贴邮票；如不加粘贴邮票，向收件人照数补交满费方可领收。快信一角三分。

新闻纸费

重二两以内，洋半分；重至四磅止。

刷印物贸易契及书籍费

每件重三两以内，洋一分；由三两至八两，洋二分；由八两至一磅，洋四分；由一磅至二磅，洋八分；由二磅至四磅止，洋一角五分。

挂号执据费

邮局收信据，每件五分；收信人回执，每件洋一角。

货件费

每件重三两以内，洋二分；由三两至八两，洋五分；由八两至十二两止，洋一角。

包裹费

每包重一磅以内，洋一角；由一磅至三磅，洋三角；由三磅至六磅，洋四角；由六磅至十一磅，洋五角；十一磅至二十二磅，洋一元。

汇兑银元费

每圆汇费二分，通用英洋、龙洋，惟本洋不汇。其洋当面收楚，另给汇票一纸，纳入信内。收件人持票向邮局取洋，决不有误，但须取店家图记作保，原信壳一并带去，始能发给。

沪宁火车开行钟点志（由上海开至南京）

① 上海	上午七点五十五分 九点十分 九点四十分 下午十二点四十五分 三点二十五分（无锡止） 五点十五分（常州止） 十一点	② 南翔	上午九点四十一分 十点十六分 下午一点十四分 四点〇一分 五点四十八分	③ 昆山	上午十二点二十七分 十一点十五分 下午二点〇二分 四点五十九分 六点三十五分	④ 苏州	上午九　三十四分 点 九　四十一分 十一　十三分 点 十一　二十二分 下午十二　十四分 点 十二　二十分 二　四十五分 点 二　五十五分 五　五十八分 点 六　十五分 七　十六分 点 七　二十分 上午一　〇一分 点 一　〇八分
⑤ 无锡	上午十　二十四分 点 十　三十一分 下午十二　十七分 点 十二　二十四分 一　三十五分 点 一　四十一分 三　四十七分 点 三　五十四分 七点二十七分 八　十五分 点 八　二十分 上午二　〇三分 点 二　十分	⑥ 常州	上午六点五十分 十一　十三分 点 十一　二十二分 下午一　十分 点 一　十六分 二　五十四分 点 三　〇三分 四　四十分 点 四　四十八分 九点二十五分 上午三 点 三　十分	⑦ 镇江	上午八　五十六分 点 九　十六分 下午十二　四十三分 点 十二　五十二分 二　四十八分 点 二　五十五分 五　〇八分 点 五　十七分 六　十五分 点 六　二十二分 上午四　五十六分 点 五　〇六分	⑧ 南京	上午十一点十九分 下午二点十五分 四点三十分 七点二十分 七点五十分 上午六点五十分

沪宁火车开行钟点志（由南京开至上海）

① 南京	上午七点二十分 八点 十一点四十五分 下午二点二十分 三点三十五分 十一点	② 镇江 到开	上午八点五十三分 九点 十点〇三分 十点十分 下午一点二十二分 一点三十分 三点五十六分 四点〇六分 六点 六点十六分 上午　四十六分 一点	③ 常州 到开	上午七点 十点二十六分 十点三十四分 下午十二点〇七分 十二点十八分 三点〇二分 三点〇八分 五点二十九分 五点三十九分 八点二十分 上午二点五十三分 三点〇六分	④ 无锡 到开	下午八点〇五分 八点十五分 七点十分 十一点二十一分 十一点二十八分 下午一点二十八分 一点三十六分 三点五十三分 四点 六点二十二分 六点二十九分 上午四点〇一分 四点十一分
⑤ 苏州 到开	上午九点二十五分 九点三十五分 八点〇四分 八点〇八分 下午十二点十七分 十二点二十三分 二点四十八分 二点五十四分 四点五十四分 五点〇一分 七点十四分 七点二十一分 上午五点〇四分 五点十二分	⑥ 昆山	上午十点三十五分 八点五十八分 下午一点〇九分 三点五十六分 五点四十八分	⑦ 南翔	上午十一点四十二分 九点四十四分 下午一点五十五分 五点十分 六点三十三分 上午六点三十三分	⑧ 上海	下午十二点十五分 十点十五分 二点二十分 五点五十分 七点 九点 上午七点

宁省火车开行钟点志

	下关江口开	下关开	三牌楼开
第一次	六点四十分	六点四十三分	六点五十一分
第三次	八点正	八点三分	八点十一分
第五次	九点二十分	九点二十三分	九点三十一分
第七次	十点三十分	十点三十三分	十点四十一分
第九次	十一点五十分	十一点五十三分	十二点一分
第十一次	一点三十分	一点三十三分	一点四十一点
第十三次	三点五分	三点八分	三点十六分
第十五次	四点二十三分	四点二十六分	四点三十四分
第十七次	五点五十四分	六点四分	六点十二分
第十九次	八点三十四分	七点二十二分	七点三十分
第廿一次	八点三十四分	八点四十二分	八点五十分

	无量庵开	督署开	中正街到
第一次	六点五十八分	七点六分	七点十分
第三次	八点十八分	八点二十六分	八点三十分
第五次	九点三十八分	九点四十六分	九点五十分
第七次	十点四十八分	十点五十六分	十一点正
第九次	十二点八分	十二点十六分	十二点二十分
第十一次	一点四十八分	一点五十六分	二点正
第十三次	三点二十三分	三点三十一分	三点三十五分
第十五次	四点四十一分	四点四十九分	四点五十三分
第十七次	六点十九分	六点二十七分	六点三十一分
第十九次	七点三十七分	七点四十五分	七点四十九分
第廿一次	八点五十七分	九点五分	九点九分

	中正街开	督署开	无量庵开
第二次	七点二十五分	七点二十九分	七点三十七分
第四次	八点三十五分	八点三十九分	八点四十七分
第六次	九点五十五分	九点五十九分	十点四分
第八次	十一点五分	十一点九分	十一点十七分
第十次	十二点二十五分	十二点二十九分	十二点三十七分
第十二次	二点十五分	二点十九分	二点二十七分
第十四次	三点四十三分	三点四十七分	三点五十五分
第十六次	五点八分	五点十二分	五点二十分
第十八次	六点三十九分	六点四十三分	六点五十一分
第二十次	七点五十四分	七点五十八分	八点六分
第廿二次	九点十九分	九点二十三分	九点三十一分

	三牌楼开	下关开	下关江口到
第二次	七点四十四分	七点五十二分	七点五十五分
第四次	八点五十四分	九点二分	九点五分
第六次	十点十四分	十点二十二分	十点二十五分
第八次	十一点二十四分	十一点三十二分	十一点三十五分
第十次	十二点四十四分	十二点五十二分	十二点五十五分
第十二次	二点三十四分	二点四十二分	二点四十五分
第十四次	四点二分	四点十分	四点十三分
第十六次	五点二十七分	五点三十五分	五点三十九分
第十八次	六点五十八分	七点六分	七点九分
第二十次	八点十三分	八点二十一分	八点二十四分
第廿二次	九点三十八分	九点四十六分	九点四十九分

宁省火车价目志

江口、下关至三牌楼			江口、下关至无量庵		
一		一角五分	一		三角
二	等	一角	二	等	二角
三		五分	三		一角
江口、下关至督署			**江口、下关至中正街**		
一		四角五分	一		六角
二	等	三角	二	等	四角
三		一角五分	三		二角

下关至中正街，与中正街至下关价同，沿途车站六处，进一级者价加倍。惟江口、下关至各站均作进一级算。如江口至三牌楼，与下关至三牌楼价同，以此类推。

行　李　章　程

一			二百斤
二	等	准带行李斤数	一百五十斤
三			一百斤

如逾以上斤数，照章纳费。各站均有转运脚夫，代客起卸①，以便行旅。

① 起卸：原书误作“起御”。

照相馆志

惟肖在贡院大街。

妙斋在贡院西街。

美真在贡院大街。

田阪在花牌楼。

美容在贡院大街。

荣芳公司在姚家巷口。

荣芳在四福巷。

美丽丰在花牌楼。

天真在贡院西街。

惟妙在贡院大街。

客栈志

大观楼在下关江口。

第一楼在下关江口。

大方栈在江口。

鼎升栈在江口。

三元栈在大行宫。

魁元栈在大行宫。

华洋旅馆在督署街。

西成栈在督署西街。

商务旅馆在下关龙江楼。

新丰栈在碑亭巷。

泰安栈在状元境。

新新旅馆在花牌楼。

大观楼在门帘桥。

宁中旅馆在中正街。

近淮宾馆在贡院大街。

长发栈在贡院大街。

来宾栈在奇望街。

叶家楼在东牌楼。

大方栈在东牌楼。

聚贤栈在状元境。

集贤栈在状元境。

新连升栈在评事街。

同益公在江口火车站。

萧家客栈在江口。

大通栈在江口。

三益公在江口。

中和栈在大行宫。

庆升栈在大行宫。

万福楼在督署西街。

复源栈在督署东街。

中西旅馆在碑亭巷。

名利栈在游府西街。

万悦楼在讲堂大街。

荣升栈在吉祥街。

老连升栈在讲堂大街。

万安栈在府东大街。

临淮旅馆在利涉桥旁。

福安栈在贡院西街。

斌贤栈在土街口。

庆升栈在东牌楼。

福来栈在东牌楼。

庆贤栈在状元境。

宜宾栈在状元境。

富贵栈在大板巷。

中西菜馆志

大观楼在下关江口。

第一楼在下关江口。

秦淮旅馆在贡院大街。

小乐意在贡院西街。

龙江夜雨楼在鲜鱼巷。

金陵春在贡院大街。

第一旅馆在利涉桥口。

文明雅集在东关头。

海洞春在姚家巷口。

第一春在贡院大街。

长松分号在贡院大街。

问柳在贡院大街。

以上各家西菜兼中菜，每客六样，约洋一元，茶点在外，小帐加一。惟金陵春炮制均宜，价廉物美，西菜尤首屈一指。

万全馆在府东大街。

九华楼在大行宫。

山东馆在府东大街。

长松园在大彩霞街。

嘉宾楼在奇望街。

新华楼在状元境。

小乐意在东牌楼。

三和园在内桥。

宴乐春在东牌楼。

宝新教门，在东牌楼。

连兴楼纯素，在沙湾。

聚庆楼在内桥。

以上各家中菜价目不折不扣，小账加一。

茶馆志

大观楼在江口。

第一楼在江口。

奎光阁在夫子庙。

得月台在文德桥。

义顺在东牌楼。

近水台在利涉桥。

万全在府东大街。

问渠在桃叶渡①。

近月楼在水西门大街。

云台一品春在下浮桥云台闸。

春奎在坊口大街。

长松在大彩霞街。

柳园在东牌楼。

庆和园在黑廊。

白门新柳居在鼓楼。

升平茶园在南门外制造局。

悦来在南门外大街。

龙江夜雨楼在鲜鱼巷。

秋月亭茶社在大行宫。

共和茶园在大行宫。

奇芳阁在承恩寺。

德星聚在夫子庙。

文来在东牌楼。

鼎鑫楼在府东大街。

清和园在大膺府②贵人坊。

惠春在东关头。

览园在大中桥。

聚兴在讲堂大街。

坤园在讲堂大街。

宝新在东牌楼。

魁心在铜作坊。

永宁泉在雨花台。

马春和在南门外大街。

万全楼在府西街。

① 桃叶渡：原书误作“姚叶渡”。
② 大膺府：应为“大膺福”。

物产志

观音秈

此种稻米产于南乡观音门一带，故名。

红莲稻

此种稻米产于南乡金牛洞一带，色微赤而香，上至溧水。

黑　稻

一名洋尖颗，红莲稻之变名。

土　丝

南乡朱门及横水桥所产之丝较湖州之产微粗，谓之曰土丝。

红茅杆

山中之茅草至秋则红，其引火最易，居家者喜用之，与江荻、芦葭、苇芦同功。

栎　炭

此种炭纯栎树烧成者，可以佐炊，居人除夕、元旦祀神必炽之于盆，谓之元宝火。

猴子头

一名狮子头。此种炭烧树根为之，烹煮及围炉所必需者也。

首　乌

食之能黑发，产于钟山。又有沙参、玉竹、黄精、苍术、百合五种，土人类能采之。

骨牌草

产于钟山，此草能治劳瘵，《本草》所未载也。

大头菜

产于双桥门及皇城两处，似莱菔而辣，茎叶离披，包之以盐，广东销场为大宗，贾客争购之。

萝　卜[①]

其色红，旧称板桥最佳，今则四乡皆有，煮熟作菜，坚而粉，与他郡不同。

瓢儿菜[②]

其心黄，冬日始有，与青菜另有一种风味。

雪里蕻[③]

其味极鲜，与寒菜同腌，可供早餐小菜之用。

白　芹

嫩于青芹、水芹二种，可烹可菹，其甘媚舌，最为隽品。

茭　蒲

俗名茭儿菜，宛在水中，取之者又必解衣赤足，如凫鹭之出没也。

云　雾

此茶产于钟山、牛首、栖霞三山顶，惟钟山最佳，寺僧采之，以供贵客，非尽人所能得也。

---

① 萝卜：原书误作“萝蔔。”

② 瓢儿菜：原书误作“飘儿菜”。

③ 雪里蕻：原书误作“雪里洪”。

娑罗树

一名七叶树，生于南门外普德寺，干直而多叶，叶必七数，茎青紫而花白，与月中倒影相映。

以上金陵植物品。

烧　鸭

举叉火炙，皮红不焦，味香可口，谓之烧鸭。

盐水鸭

淡而旨，肥而不浓，初春时最为上品。

板　鸭

冬日盐渍，日久呼为板鸭。远方人喜购之以为馈献，居家者亦多备办，以为除夕、元旦之用。

桶子鸡

味鲜而嫩，与初春盐水鸭同，洵冬日之珍肴也。

四　件

将水晶鸭截其翼足，探其肫肝，零售之，名为“四件”。

杂　碎

将鸡鸭腹中所有之件菹而沽之[①]，名曰杂碎。

熟　切

取猪豚蹄、舌、尾、肠、肚入于釜，熬陈久之汁浸之烹之，列于案，谓之熟切。晚餐者资之。

罐　肉

取猪肉数片置诸小缶，入水满之，不用盐，纳于爨火中，

① 沽之：应为“估之”。

与饭同熟，谓之罐肉。南门桥饭铺中皆具，以供往来行旅者也。

以上金陵动物品。

雨花石

产于雨花台，山多五色，雨后寻之，必获其佳，碎玉零珠，可以供几席之玩。

碾磨石

产于栖霞山，凿之皆圆，天然品也。厥性坚刚，江北修江堤时率来取之。

以上金陵矿物品。

太子葠

一名土人参，产于孝陵卫懿文园。

银　杏

一名鸭脚子，俗呼白果，产于摄山、天阙山。

卫　瓜

厥土宜瓜，小而甘，产于孝陵卫，谓之曰卫瓜。

姚　枣

此种枣实硕而甜，产于姚坊门，故名。

魁　栗

一名桂花栗，大如儿拳，产于南乡。

甑儿糕

削木如小瓶，实秈糯米屑于中，递蒸之使融，于老少无齿者最相宜也。

饦 锣

自除夕至元宵，供祖先之用。取糖馅之饼四，贯以四柱，影堂几上物也，谓之卓面。

发 糕

民间令节祀神及乔迁多用之。取麦屑揉糖为圆式，蒸之使起，曰发糕。

山楂糕[①]

产于清凉山麓，用线穿之如数珠式。七月杪地藏会，儿童竞购食之。

贴炉面筋

取麦麸揉洗之成小团，炙以火，张其外而中虚，谓之贴炉面筋。旅客购回以为馈赠品。

干 丝

茶社小品。取百叶干片缕切之，浸以酱汁，点以生姜丝，厥味清腴。南门大膺福贵人坊内观音庵僧善制之。

梅 豆

一名状元豆，儿童最喜食之。取黄豆，以饴糖红曲煮之，搀以梅子，其色红，味极鲜妍，正月间茶肆皆以之供茗饮矣。

以上金陵食物品。

折纸扇

扇骨之质，有檀香、乌木、桃丝之别；扇骨之技，有水磨、模雕、炭花之名。北乡石埠桥人善柔治竹木，男扇则十二根或十

① 山楂糕：原书误作“山查糕”。

六根不等，女扇则三十根而已。

提梁盒

凡二层，朱漆髹之，盖其上。遇佳节及喜寿诸事，馈遗戚姻，以之为贮食品礼物之具。

库　缎

一名贡缎，所谓头号是也。玄色为上，天青次之。至于二号、三号、八丝、冒头诸名，是缎之下而又下者。

摹　本

无花谓之缎，有花谓之摹本，其光彩等于苏杭，价则与苏杭较廉。

卫　绒

一名建绒，能耐久，较海虎绒浅而坚，系孝陵卫人所织，故曰卫绒。

天鹅绒

男女服式长短料可以织成，与漳绒异。彼则花用板压出，此则花用刀割出，其浅文深理，巧夺天工。

缎　带

此带纯丝经织成，宽约寸余，光彩夺目，男女用之咸宜。

柳条布

金陵本机所织，宽二尺二寸，长五丈，洗之永不退色，男女小衣最为合宜。

丝　布

文如芦席，有光彩，亦金陵本机所织。宽二尺二寸，长五丈，仿东洋丝布式，妇人最喜购之，亦挽回利权之一道。

阑　干

妇人领标、裙襟诸缘，有金线、旗带、花边之属；弓鞋、儿帽，有金素、三焦之属，斌璘错采，皆出于织工。今则装束稍异他省，尚畅行之。今马巷有阑干市。

以上金陵用物品。

风俗志

发草八字

凡男女两家愿结朱陈者，先将女宅年庚用粗纸书就，由冰人成双交男宅压灶前香炉下，三日内家中平安，然后持就星家合婚。三日内倘有碎碗破甑之事，谓之不祥，即托言不合，将草八字退还。

传　红

俗谓之下定。男宅婚既合，由双冰人转致男宅，择日传红。女家用泥金红全柬书年庚八字，交冰人俗称大宾送男宅，男则报以金银茶果等物，银一定[①]，金如意一支（俗称一定如意），果品或四色或八色，如龙眼、荔枝[②]、栗子、蜜枣[③]之类，茶叶数十瓶百瓶不等。

送日子

男家欲迎娶，先将男女八字送星命家，诹吉必使无冲犯无刑剋之良辰，以红全柬，上记新人沐浴宜何时，水倾何方，新人上轿何时，合卺何时，避忌何人，至所择吉期，必择两日，恐新人潮信不便之故，皆历历书之，送至女家，谓之送日子。

行　礼

迎娶有期。约早十余日，先为行礼，将所索之衣饰、聘金、

---

① 银一定：应为“银一锭”。
② 荔枝：原书误作“荔支”。
③ 蜜枣：原书误作“密枣”。

鹅、酒、靴敬筵席，并有泥金郡名帖二付，又有泥金帖二付，上有红条，不写只字，同送女家，请其书“允吉登嘉”四字，携回即无改易。

铺嫁妆

喜期前一日，女家将应有之奁具，丰简视家之有无，使挑夫（即马头）送之男宅，由伴娘为之铺设。

求　亲

迎娶日午刻，新郎则乘舆至岳家，谓之求亲（即亲迎）。舆马至岳家门时，必久久于门外，谓之纳性子。门既开，有长班高声赞礼，过一重门作一长揖，至厅堂，新郎南面，主人北面，两大宾东西面饮茶三次（俗名三道茶）。次至岳母房中小憩，岳母必嘱咐数语，然后以红封藏之胸际。次侧至堂行礼，无论长幼平辈，均须拜见，临行时平辈又敬以酒（俗名上马杯），始令登舆。

发宝轿

约申酉之时于轿，鼓乐齐奏，择年轻四人手执一灯，随彩舆至女家，谓之迎亲。宝轿到门时，先放花爆，然后舁至厅堂，预请二妇人为搀亲，手持红烛，将新娘扶出，置一鞍子于前，使新娘跨之。新人头搭方巾，搀亲者扶新人立正中偏右，新郎立正中偏左，先拜天地，次拜祖先，再次交拜。地下铺红毡，不足则用梢袋。新人步于其上，使二童子执花烛，引新娘入房。若无搀亲者，即用红绿布二方，约长尺许，男女各引一端，相牵入房，谓之红绿牵巾。民国以来，礼从简约，多用马车。

作富贵

两新人入房，由伴娘扶之，盘膝坐于床头，男东女西，任人调笑，不言不动约半小时，谓之作富贵。

合　卺[1]

坐床既毕，由厨室开小宴入房，仅设四座，正面两新人，旁坐两搀亲，必以新娘新郎杯中之酒互相倾注，各饮二人以少许，谓之合卺。

开　脸

次日黎明，两新人即起，伴娘以一瓯莲子羹进，使二人分吃之，然后为新娘梳妆绞脸，谓之开脸。妆毕，伴娘引入舅姑及诸长房中请安，然新娘不语一言，皆由伴娘代达，谓之闷声大发。

请会亲

第三日谓之三朝。有人于此日请会新亲，如岳翁妻弟之类，每有一男丁必有帖一付，不计能来不能来也。然岳家辞谢，俱多迟日登门视女，使男家出其不意，免厚款待，谓之曰会亲。

煎豆腐

此即古人三日入厨下之意。先置豆腐、厨刀于灶上，新妇至，卷袖露手，一手持刀，一手执豆腐，划开置之釜中，伴娘连作吉语曰："豆腐煎得黄，来年生个状元郎；豆腐煎得跳，新郎坐八轿。"

分大小

入厨后，复登堂，行家庭礼，俗谓之分大小。自尊卑以及亲

---

① 合卺：新婚夫妇饮交杯酒。原书误作"合卺"。

朋皆受两新人参拜。受参拜后，各有所赠，谓之见面礼。

以上金陵男家喜事。

说　媒

俗云："一家有女百家求。"然必年貌相当、门户相对方能结婚。说媒者多以妇人说合俱多[①]。必先言定聘礼、聘金若干，合婚后，男女家另择媒人，谓之大宾。

拜主亲

主亲即大宾也。传红有日，女宅先拜主亲，届期盛筵款待，俗云作媒。作媒三十六回，一着有不到，嘴巴子（即掌颊）垒垒。以故饕餮之徒，贪其大嚼，辄乐此不疲也。

回　盘

男宅行礼，衣饰聘金到门后，必筹所以回盘者。除翁姑新郎针线外，另回三代——腰带、钞袋、袜带，近今三代只行二代，谓女家自留一代，俗例相沿，自为消长，而妇女之见，牢不可破，诚可笑也。

大开门小开门

大开门者，舅子之靴帽也。小开门者，彩轿至女宅所索之开门钱也。

上　头

喜日，新娘必镇日眠，及彩轿到门催请，然后新娘起身沐浴更衣，桌上燃大烛一对，梳妆穿带[②]则请年轻有全福之妇人为之，谓之曰上头。妆毕，由厨房送饭一碗，就妆台上使新娘食

---

① 俱多：应为"居多"。
② 穿带：应为"穿戴"。

之，极口中之所容，不啮不咽，复吐出以红纸包之，一半置于母家米柜，一半交伴娘代去[1]。置男家米柜，不知是何取意？

代嫁饭

出阁有日，诸亲朋争制精洁肴馔以相馈送，谓之代嫁饭。

三请三邀

男宅彩轿来，另有三请三邀帖六付次第投进。新人上头毕，由父兄抱之上轿，另请少年四人随轿走送，谓之送亲，半途即回。新人临行时，必纵声大哭，谓不哭即不发彩。轿至男宅入门时，新娘必力仰其首者三，俗云已后可以抬头。

暖　位

新人既行，此位必有人严守，不使人坐，怕夺秀气。所怪者沐浴烛、上头烛均燃之不息，位旁置一脚炉，上烘新人脱下之鞋，谓新人到男家脚气方好。以闺女之出阁比之丧事镇堂，大同而小异，殊不可解。

元　饭

女出阁之第三日，母家即备糯米饭一磁瓯，鲢鱼两尾，肉饼一盘，送至男家，外具各色针黹多件，分献翁姑尊长，以为贽见之礼，谓之三朝盒。

送夏送冬送灯

此系富而好礼者方有之。女儿出阁后，逢一夏日即送婿与女各纱罗之衣；第一冬日即送炭炭机、火盆、手炉等；逢灯节送各式新灯。

---

① 代去：应为"带去"。

以上金陵女家喜事。

烧轿马

亡者病笃，即预备纸札[①]轿、马各一，事易箦，即避帐后焚谓亡者至阴司，即不至陡步[②]以行。

易　衣

富者以绸绫之衣十二件，贫者以布衣七件，有官职者即朝服朝冠蟒服翎顶以殓，女则凤冠霞帔，视夫之品级为高下。

打狗饼

俗传人死必经恶狗村，故易衣后必以龙眼七枚悬于手腕，或以面作球亦可，俗云持之可御恶狗之噬。

招魂幅

死后必以极稀之丝绢一方藏于亡者胸际，殓后取出，挂之灵幡，俗云可以招魂归来也。

择七单

以亡者年庚及气绝时日与星者推算，择入殓之吉时，避冲犯之方法，偶一不慎，即犯重丧恶煞，最为不祥，故金陵人视之极为重要。

入　殓

届时亲人均须环送，即将亡者舁入棺内。棺内诸物：黄土、石灰、炭屑、雄黄、衾、褥、被、鸡鸣枕、脚炭、纸卷；棺外诸礼节：兜巾、暖肩、分金、收钉、上凳、安位、叫好、正荐魄幡。

---

① 札：应为“扎”。
② 陡步：应为“徒步”。

成服

或三日或五日全家易凶服，凡有戚畹，均于是日吊唁。富家则扬厉铺张，燕享秦乐[①]，悬挂灯彩以志盛。设置诸仪节：丧篷、吹鼓亭、门吹、门鼓、云板、材吹。

作七

每逢七日，设盛馔以祭。如有女已嫁者，必于七日致祭。俗云：七日不吃自家饭。富家则延请僧道，礼忏讽经，以求冥福。

题主

亡者木主必请当道之显者题之。相传此日为亡者之吉日，故全家均著吉服，鸣炮奏乐，灯彩摇红，见者若不知其为丧事也。俗谓之点主，又谓之在堂。无力之家即自书点，谓之求主。

治丧

约在点主后三四日，其奢华较成服尤甚，其仪制亦与成服略同。来吊唁者均赠赙为奠，孝子唯匍匐灵右答礼，别延相知者应接宾客，谓之司宾。

家奠

治丧者使外姓之人来吊，家奠者使族中之人行礼。是日虽贫家亦延僧徒诵经，以求超度。

发引

又谓之出殡。羽葆纷繁，鼓乐导引，丧仪盛者数千人数百人不等。其仪节则有诰命亭（有职官者）、开路神（赤发蓝面）、方弼方相（身高数丈）、大人（俗呼呆子）、五兽（青狮、白象、独角

---

① 秦乐，当为“奏乐”。

兽、金毛狁、花豹，身躯笨重，下有辘轳曳之以行）、扬人诵人（身着昵袍，头带暖帽）、杨柳雪柳（以白纸剪成）、铭旌（高四五丈，以红绸书亡者爵衔、姓氏、享年若干）、粮饭亭（七七设祭日取饭少许置瓶中发引日移于此亭）、彩凉床（上幂彩布中悬影象）、影亭、影轿、十二月花神（皆女妆束，手中各持一花）、衔牌、仪仗、僧道，最后则用五彩绸罩棺，谓之棺罩，或职在四品以上即用独龙杠（以巨木雕作龙形，首尾皆具），亲故知交要于途中设祭，谓之路祭。出城择寺院稍憩，谓之解杠。

镇　堂

材既出门，置米一斗，上插尺一、秤一、镜一、剪刀一，秤上挂历本，旁置炽火一盆，谓之镇堂。

安　葬

先请阴阳生择定吉地，命坟主掘一深坑，谓之打金井；再择吉时安葬入穴。

诸仪节：定向、暖坑、分金、安位、叫好、兜金、门宝掩土。

复　山

坟既成，三日后必再临视，设祭哭奠，谓之复山，又谓复三。

以上金陵丧事。

摆棋势

象棋有势，犹战争之有阵也。分红、黑二部，均将残之局，骤视之，似无生路，而不知二部皆有生机，胜负未可预卜。一着失算，立见其负，即善于博奕[①]者，亦不过和之而已。

① 博奕：通“博弈”。

敲五音

于纸条上书古诗一句，或五言或七言不等，将诗中除去一字，写五字于旁，下写一字，用纸筒掩蔽，任文人之推敲，其胜者以一得三，亦赌中之别开生面者也。

红黑筹

用竹筹二根，一涂红，一涂黑，使赌者易于认视。持此红黑二筹于手，反复颠倒，押红则抽出是黑，押黑则抽出是红，贪小利者未有不落此圈套者矣。

数莲花

七月半作盂兰会，延僧施食，好事者杂以数莲花，四五人团团围坐，将古今事实典折道出，一人唱之，众皆和，于尾一言高声连曰："一枝莲花，一枝莲花。"

说黑话

一人于黑暗中用布围之，能作男女老幼声、笑哭声、怒骂声、鸡犬声、鼠猫声，声声酷似，但闻其语而不见其物，其谓之说黑话。

木人头

古称傀儡。其貌毕肖，其形缩小，衣冠举动，与优伶无二，令人忘其为木偶人也。

白　曲

挟游青年之子好唱小曲，而京调间亦有之，并非以此为业，每届人家喜寿事，招之即至，只须供饮食，不取金钱，故谓之白曲。

丝 弦

亦名清音。弹唱时不用大锣大鼓，三四人有男有女，均系瞽者一流人物。有喜寿事家，常雇以为娱乐，谓之曰丝弦。

打 春

季冬之际，乡人手持一小锣，帽旁插一公文，一似奉官而来者，口中作吉语，借此向人家讨取钱文，谓之曰打春。

别 棍

赌具[①]纸牌也。共一百零九张，四人赌之[②]，首家十张，次家九张，一色为上，杂色次之，闺阁以此消遣，然而不为旅客之害。

十 糊

纸牌共一百二十五张，有晕[③]素之别。二至八条、饼、万，谓之素张；一至九条、饼、万及驴子、千子、枝花，谓之晕[④]张；仁、义、礼、智、信谓之五星。四人赌之，轮流一人作洗，以为休息。首家三十一张，余均三十张。牌不圆而糊虽多不赢[⑤]，牌圆而十糊则赢[⑥]矣。

以上金陵局戏。

敲铁板

星相家遨游市上瞽者居多，手持铁板一块，连敲七下，响声震耳，与弹弦者不同，亦算命中之怪象。

---

①② “赌具”、“赌之”之“赌”，原书误为“睹”。
③④ 晕：应为“荤”。
⑤⑥ 赢：应为“赢”。

摇串铃

江湖中人持一物如圆形，中空而有胆，作声震耳。自言所医之病甚多，有奇验。问脉理药性，不大分明，徒以骗人金钱为目的。

牵雀算命

左手持雀，右手持盘，盘中安排十二畜。问吉凶者将八字报明，雀即于盘中牵出，丝毫无讹。其知者以为平日教成，不知者以为奇验非常也。

鬼谷数

馆设金陵三坊巷，亦瞽者流。问病之吉凶，先以铜钱五枚，手摇倒出三次，再用黑牌摸推，即知病者家中之何物作祟，莫不奇验。

走阴差

俗云人死时必有阴差来代[①]，然阴差非阳差领入人家不可。有一种奸猾妇人，自谓在冥受此阳差职分，冥路时来时往。久病不愈者延请若辈，下阴查察之，或睡于床，或卧于地，佯为死，勿令人摇动，点余钟还阳，任若辈信口胡言而病家犹信以为真。噫，可笑也夫！

看香头

无知愚妇捏名仙姑附体，插一股香于炉中，视香头之长短，卜病症之吉凶，信口胡言，或云有冤鬼缠身，或授以药方，煨鄙[②]不堪，迷信者犹谓神方也。吁，误矣！

---

① 代：应为“带”。
② 煨鄙：应为“猥鄙”。

管灵哥

阴阳相隔本不能通，若辈自谓有樟木神，能介绍已死之魂与生人接谈。喉间其声唧唧，闻者不明，必须若辈为之翻译，方能明了，谓之管灵哥。

捉　魂

病家寒热久而不住，医药罔效，论者谓失魂之故。延请巫人捉之于旷野间，见一虫，斯即病人之魂，捉归掷病人床，喃喃数语，病起则有功，病败则不任咎，此捉魂之现象也。

白日串

有一种人衣裳楚楚，似上流社会中人，而不知阴为无形之贼。或于人家或于客栈，见人时则伪为寻友，不见人时则窃取财物，谓之曰白日串。

扑灯蛾

每于黄昏时，乘人不备，阴入人家，藏躲空屋中，一试偷儿手段，谓之曰扑灯蛾。

告地状

穷苦无依，席坐于地，用布以蒙其面，于纸上或书其履历，或诉其冤枉，欲使仁人君子代伸其说，代悯其情，以为取金钱捷径，谓之曰告地状。

掉　包

亦一骗局也。一人伪失物于途，佯为不知，一人见而拾之，一人从旁窥之。拾者遂仓皇失措曰先对旁观者摇手而示以勿叫，继而曰包中物与子分之。当时将包开视，果金银首饰绸绉衣服也，分则恐起争端，不如贱价以售子。人未有见利而不贪者，因罄腰中钱以予之，还其家开视，皆伪物也。返其处，则其人已杳如黄鹤，客金陵者幸勿堕此术中。

翦　绺

一名扒手。各省皆有，惟金陵尤神乎其技。或于轮船火车上下之时，或于热闹场中，趁人多拥挤，一试其妙手空空之计，佩衣挂件及衣袋中物霎时间皆可不翼而飞，谓之曰翦绺。

圂　巴

有一种赌棍专以局赌为生活，或冒充巨富商人、宦家子弟，一掷金千，在所不惜。于酒肆妓院中百般引诱，至入局后，即施翻天印、倒脱靴之术，受此骗者莫不倾家荡产，谓之曰圂巴。

以上金陵技艺。

社会志

市　场

金陵为省会之区，甲于天下，其最热闹买卖市场已非一处，兹略举之，开列于下：城南之坊口大街、黑廊、承恩寺、行口、陡门桥、水西门大街、彩霞街、三山街、大功坊、花市、南门大街、新桥、府东大街、状元境、评事街，城北之中正街、花牌楼、大行宫、北门桥、唱经楼。

银洋铜币

官场通用湘平银，商界通用二七银。湘平百两较库平短三两九钱，漕平二七银百两较库平短二两四钱。本洋、龙洋并用，向来本洋每元高龙洋三四角之多，今则本洋、龙洋一律通行。制钱通用九八，今则通用铜币，每百亦照扣二文，满四十扣一文，满七十则扣二文，名曰扣底，此通例也。小银角子通用江南、湖北二种。

轮船码头

均在下关江口。除官趸船外，有趸船者五家：招商、怡和、太古、大阪[①]、瑞记。无趸船而用划子船上下者四家：鸿安、麦边、马立师、美最时。在岸上买票与在船上买票价廉，大约便宜七折八折不等，惟招商至多九折而已。

邮　政

总局有二所：一在下关惠民桥口，一在城南大功坊。分局

① 大阪：原书误作“大版”。

有六所：一在上元县升平桥，一在钟鼓楼下，一在陡门桥，一在三牌楼，一在督署东辕门外，一在南门大街鏇子巷口。此外市场信箱不及备载。

电　报

有三局：一在下关江口招商局间壁，一在城南状元境内，一在鼓楼。

报　纸

金陵有五种报：一省公报，在省公署；一《大江南日报》，一《南方日报》，俱在石板桥；一《大中华报》，在石坝街；一《立言报》，在程阁老巷。此外，售报馆三所：一在花牌楼，一在五马街，一在奇望街。上海外省各种报纸俱有出售。

宁省火车站

共六处：一在下关江口，一在三牌楼，一在丁家桥，一在无量庵，一在督院，一在中正街。

转运公司报关行

货物报关，由火车、轮船运至金陵，持提单到关提货，颇为不易。有转运公司报关行代为承办，并雇车将货物送至，报费亦不加分文，何便如之？转运公司共有十九家：悦来、汇通、元成、利兴、瑞泰恒、华盛义、中国、捷运、协丰、运繭处[①]、同兴、协商、永泰隆、协通、公益、通济、通达、同益、永大。报关行共有十一家：史长有、瑞昌公、协和、厚昌、声和记、王合记、协通祥、清记、汇记、利兴、悦来。以上运货之便利，皆在下关江口。

---

① 运繭处：疑为“运茧处”。

东洋车力

自下关至花牌楼、中正街，车力洋二角；至三山街、司署口、新桥、南门大街，车力洋三角。惟下关至钟鼓楼车力极为便宜，约八九十文之谱；由钟鼓楼至评事街、三山街价同。寻常雇车，每里约三四十文。

马车力

自下关至公园，洋六角；至钟鼓楼，洋八角；至花牌楼，洋一元二角；至三山街、淮清桥、通济门，洋一元四角；至汉西门、银元局、三坊巷、南门，洋一元六角。桥车厂车同价。惟橡皮车价加半，酒钱二角四角不等。

货车力

一名大车，专推千余斤笨重物件。前用二人拖之，后用三四人扶持照料，由下关至城南，车力洋一元二角左右。若城内雇此车运送物件，车力洋二元，酒钱在外。

轿　金

抬轿之人名曰轿夫。近路用二人，远路或三人四人不等。每名约壹百文酒钱，视路之远近酌给。官价不拘时刻长短，民间若上午至下午，则正价加倍，酒钱亦加倍。

驴马金

跟随驴马之人名曰脚夫，又名赶脚。短路驴价每里四十文，马价加倍；长路每里二十文，马价亦加倍，酒钱酌给。

搬运金

代人搬运物件者名曰搬运夫，给搬运费曰脚力。旅客行李、货物由轮船、火车搬至码头，不准车夫及他人代运。昔年每担二十四文，今则无一定价目，一肩行李至少须给洋一角，若货物多件，或三五角一元二元不等。

剃 头

起码价目五十文，梳辫三十文。

沐 浴

盆堂共十三处[①]：一敏园，在碑亭巷；一临园，在花牌楼；一龙园，在府东大街；一鹤鸣园，在鸡鹅巷；一三新池，在大功坊；一南园，在信府河；一铭轩，在颜料坊；一华新池，在府东大街；一斌园，在花牌楼；一日新，在下关惠民桥；一大观园，在下关北安里；一清涟池，在下关铁路桥。客座每位六十文，官座加倍，西座每位洋三角，如不沐浴而吃茶者半价，水烟在内，零钱酌给。

洗 衣

小褂裤、袜子钱十文，长衫二十四文，帐子、被褥均百文。

以上金陵生计。

戏 馆

共三处：一鸣盛，在府东大街；一大中社，在大中桥；一第一舞台，在钓鱼台[②]。正座四角，边座二角，楼厢六角。遇有新到名角，价目临时加增，茶在内，零钱加一。另有花船书场七只，在夫子庙秦淮河：一复兴；一悦来；一得胜；一宛中；一复来；一涛园；一万元。每位茶资八十，小账在外，点戏二角。

---

① 十三处：实为“十二处”。
② 钓鱼台：原书误作“钩鱼台”。

妓 馆

头等六家，在钓鱼巷：一三合堂，共妓女四十人；一双福堂（即韩起发家），共妓女三十六人；一四喜堂（即六八子家），共妓女三十二人；一双桂堂（即刘琴家），共妓女二十六人；一兴桂堂（即小狮子家），共妓女二十二人；一庆云堂（即李三子家），共妓女十六人。二等妓馆三家，在石坝街东关头一带：一也乐窝，共妓女三十七人；一萃芳居，共妓女三十六人；一秦淮别墅，共妓女十八人。均系扬班俱多，惟手口称双绝者，三合堂邱四宝妓女首屈一指。茶园叫局吃酒诸名目与他省同，所异者第一次住宿，谓之接楦头。三等妓馆有三家，在东花园，其价甚廉。此外私娼甚多，难以枚举。

画 舫

秦淮胜景甲于天下。值春夏之间，夕阳西下，缘波中往来如织，笙歌悦耳，箫管怡情，双桨轻摇，不啻人在画图也。头号楼船四舱，共三只，约洋十元；二号楼船三舱，共四只，约洋四五元；三号楼船两舱，共八只，约二三元；小楼船一舱，甚多，不及备载。送客上大船或至钓鱼巷，每次约洋二三角不等。酷暑纳凉，一二人雇此船者舱中不点灯，谓之摸黑，约洋七八角以上，价目指天气炎热而言也。若天气寒凉及阴雨，则价目即稍减矣。

以上金陵冶游。

小 大

未出门之闺女，佣于人家，惟六合人俱多①，谓之小大。

① 俱多：应为“居多”。

老　太

已出门之妇人，或年已半百而佣于人家专司炊爨之事，谓之老太。

奶　妈

一名乳娘。专管无乳之小孩起居，一切悉为照料，谓之奶妈。

梳头婆

青年妇女佣于人家，杂务一概不管，专司清晨梳头之事，谓之梳头婆。

门槛里

有一种年轻妇女善于服侍，与主人暧昧不明，俗呼之曰门槛里。

淹菜鬼

孟冬季之时，由乡入城而为佣妇者，至来春正二月间，即百端辞歇，俗呼之为淹菜鬼。

以上金陵奴婢。

大脚三

一名滚子脚。虽未能如新月之形而步履轻飘，亦足摄人魂魄，谓之为大脚三。

尖头捧

不循规矩任事占人便宜，谓之为尖头捧。

白马蚁

一事无成者之称。

敲钉锤

一名敲竹竿[1]。不当取之财而取之之谓。

鳅打混

不作一事终日游荡之称。

望天收

优游自得，无一术之生财，无一定之进项者，谓之望天收。

吃白食

任人嘲笑而不顾者，专贪口腹而不为东道，谓之吃白食。

篾　片

投其所好，不抢他人之意思者，谓之曰篾片。

桃　干

在人家店内学徒者，未终局而躲闭不面，谓之曰桃干。

香　瓜

凡初进城之人，不知事理，不晓人情者，谓之曰香瓜。

流　尸

以敲诈为生活，遇事生风，不知情理，谓之曰流尸。

时髦子

紧衣窄袖，最尚时趋，赴宴会时不能久坐，一似另与他人作约者，谓之时髦子。

机包子

织缎子匠人之称。

相　边

凡遇人聚饮或饯别宴游时而附会其间，谓之为相边。

---

① 敲竹竿：应为“敲竹杠”。

牵　马

代人穿针引线之谓。

吹　牛

细微之事而夸大其词，谓之为吹牛。

吃仙鹤

赌局之人而外其与之共饮者，谓之吃仙鹤。

行　缝

买人之货而卖与人者，谓之曰行缝。

经　纪

买卖之人不侔面，从中代为说合而取用钱者，谓之为经纪。

说鬼话

背此人之面而说彼人之短者，谓之说鬼话。

不得下台

事在两难无法处置之谓。

尿儿鬼

出乎反乎，凡事但求检省，不肯错用一文，谓之尿儿鬼。

焦尾把

老而无子，待人又苛刻，人因从旁詈之曰焦尾把。

以上金陵俗记。

时令俗例志

正　月

初八日为灯节,有闺女出阁者,送各式灯至婿家,最要者以明角麒麟送子灯。十六日,士女均上城头,绿女红男,粉白黛绿,来往如蚁。云此日至城上行一周可以驱除百病,谓之走百病。

二　月

初二日相传谓龙抬头。有女出阁者均于是日接取归宁,俗谓“二月二龙抬头,家家接女诉冤仇”。

三　月

初三日为荠菜花生日,妇女均摘荠花,插于鬓边,以为记念。谚云:“三月三,荠菜花赛牡丹。女人不插无钱用,女人一插米满仓。”

四　月

初八日相传为佛祖生日。是日,凡有余之家,均出赀买龟鳖及乌鱼放生,谓“是日救一生命,能较平日作十千万功德”。以是,前数日,无赖者多方网得龟鳖以求售。

五　月

初五日,饮菖蒲,作艾人,各处皆然矣。惟宁省各家皆以清水一盂,入雄黄酒少许,鹅眼钱二枚,合家大小均以此水涤眼,谓之破火眼,一年可免眼疾。然后将此水遍洒各处,口中则喃喃曰:“洒何物?洒虫蚁、马蚁。”又女子带①各色草花,谓之五毒

---

① 带:应为“戴”。

花。绒制虎形插于妇鬓,绸制虎形负于儿背,并以雄黄酒涂儿额上,作"王"字形。他处屋中悬钟馗,惟宁省独悬张天师,以驱邪祟。初六日为坳节。十三日相传为关王磨刀之期,人家相戒不动刀砧。十四、十五、十六三日相传为天地交泰之期,极忌夫妇房事,云犯者三年内皆亡。好事者以黄纸书就,遍贴街衢,以为警告。

六　月

初四日为荷花生日,凡有池塘植荷者,以纸作灯燃之,放于中流,以为嘏祝。初六日为皇上晒龙袍之日,凡有藏书,皆于是日晒书。十一日老郎会,俗传为老脸会。妓女每年三次:正月、六月、十一月,均十一日,或谓所祀为管仲,以女闾三百故;或谓所祀为唐元宗,以梨园子弟故(《阅微草堂笔记》[①]谓其为钟三郎,又谓中山狼)。会时诸妓极意修饰,陈设鲜妍,要求平日所欢者为之设晏张乐,谓之作面子。妓女名愈噪者酒席愈多。六月十一日之会为尤盛。灯红酒绿,丝竹嗷嘈,甚有一妓而有酒席十余,抬盖金陵。秦淮河为自古名胜之地,妓院皆在临河,两岸则窗开水阁,鬓影衣香;河中则画舫灯船,往来梭织,五陵年少意气自豪,一日夜之间所耗不止中人产,诚令人有消金窝之叹焉。

七　月

初七日五更时谓有巧云见于天半,于是闺女皆乞巧焉。乞巧之法,于初六日取净水一碗置日中晒之,夜露一宵,初七日清

① 《阅微草堂笔记》:原书误为"《阅微山堂笔记》"。

晨折细枝取浮水中，其下即现各种物形，或戥子，或算盘，或针，或如意，或必定，作种种形状，以占休咎。七月杪相传为地藏王诞辰[①]。七月初一日相传地狱门开，放鬼魂求食，各街巷皆施食作盂兰会。而西城清凉山为地藏菩萨修炼之所，自月初起烧香膜拜，不绝于涂。至二十五日以后尤盛，麾汗如雨，游人往来如蚁，各处皆设茶棚，以备烧香憩息之所，装潢之炫烂，陈设之华丽，无不斗胜争奇云。

八　月

十五日为中秋令节，晚间小儿则以瓜果菱芡之类以祀太阴。大家贵族之女于是晚家人携带步月，至鱼更三跃始回，谓之走桥。

九　月

初九日儿童皆吃重阳糕，又以五色纸凿成斜角式，连缀成旗，竖之院中，以庆重阳。是时，菊花大放，有茶肆招徕生意，用五色菊花堆叠成山，高下参差，颇有可观，动至数百盆云。

十　月

初一日谓之十月朝，府城隍出巡，俗传可以消灾增福。

十一月

宁省每年节期以冬至为最重，其次则新春。冬至日谓之过小年，凡工艺及学生均放假一日，俗云“冬至大似年，先生不放不给钱；冬至大似节，东家不放不肯歇。”

十二月

凡腊月逢八日，谓之腊八。如初八、十八、二十八等日，有

---

① 诞辰：原书误作“诞晨”。

欠债者均须清理；其无力清理者，则百计弥缝。俗云："第一腊八犹自可，第二腊八急如火，第三腊八无处躲。"宁郡仓巷有卧佛寺，十二月八日必施散腊八粥，以米作糜，内置枣、栗、果仁，沿门散给，云可以得佛佑。然前数日，其方丈必领全寺僧人身披红衣，手执钵盂，沿街化米，豫为煮粥之资料云。二十三日祀灶，通例也。而宁郡则有灶糖、灶糕祀之。又剪草为刍，撒豆作粮，云可以祀马，恭送灶神上天，奏一家之善恶。二十五日相传玉皇大帝下界稽查人间，降殃降祥，胥基于此。除夕谓众神下界，又有独足神至人家床榻间散病。是晚，帏则必须早垂，睡时男女鞋须反搁，以免受其侵害。二十五日以后，各家皆须祀祖敬神，谓之辞年。并以红纸大张上绘楼阁云霞之形，中坐神像，或财神，或玉皇，或关帝，或如来。敬神时供之正中，视为栗主，若神之凭依是间者，是为纸马。除夕夜接灶神回室，先置一豆腐渣一碗于釜中，俗云：诸神下界见是家惟有腐渣在釜者，其家必奇贫，冀生神灵怜悯之心，必使次年是家为富室。噫！俚鄙诞妄，颇足发噱。

神会志

茅山会

茅山在句容县西南，上有三茅宫，相传有茅氏弟兄三人修真于此而得道焉。正月中烧香者无间远近，趋之若鹜。各乡合数村结为一会，以小木龛为佛座，龛高约一尺五六寸，广约一尺余，制作屋宇形，雕刻精细，镂金错彩，中坐五七寸高神像。龛前伸小木二，一人负之于肩，随者执锣鼓饶钵[1]镗镗于后。亦间有旗伞者游行街市，正月望前，每日均有数起。每人身负黄色布囊，上书“朝山进香”云。

东岳会

东岳庙在南门外制造局旁。三月杪日为东岳诞辰，好事者遂舁神出巡，谓可以消灾弭患。于是城内各业各结一会，旗伞灯牌，抬阁秋千，百出其奇，争妍竞胜。舁出之神有东岳及其夫人、韦驼、善报司、速报司、财神等，更有无知男妇身披红衣，手带镣拷[2]，扮作罪人状随于轿后，不下千百人，云病时许于神前也。又有四五岁、七八岁之小儿，装作剧场之武小生、武三面、武老生等，腰悬利刃，手执杭扇，指套钻戒，胸挂金表，异样精彩，耀人眼目，手叉两腰，躯干矗直，耸立于大人之肩，毫无倚侧惧怯之态。又有业骨董者聚极昂贵之玉器珍玩，制一精巧玲珑之担，罗列陈设，价值甚巨，使精壮练习之少年挑之，手不扶掖

① 饶钵：应为“铙钹”。
② 镣拷：应为“镣铐”。

而叉于两腰，行步如飞而不倾仆，以示技艺而耸观瞻。此两种尤为会中之特色。

善司会

善司者主瘟疫之神也，蓝面赤发，狰狞可怖，庙在城西骁骑营。于三月内出巡，云每年出会一次，可去疫疠之患。

城隍会

金陵府城隍为故信国公文天祥。云每年有出巡三次之例：清明日、七月望、十月朔。父老相传，谓明季海寇①郑成功猖獗时，由吴淞口入犯长江，势如破竹，所向披靡，直至芜湖，始为两江制府祁如虎设伏于金陵神策门，要而击之，死者数万，成功狼狈遁去。自是以后，神策门外冤魂怨魄聚而为厉，数十里内人无安堵，必使城隍至其地亲祭之，其祟乃止。由是一年三次，遂沿为长例云。

大王会

神为黄河福主金龙四大王。此会主事为水旱两西门外船户为多，每年于九月间例出巡一次。近年因香火衰微，无力再举云。

拜香会

七月杪为地藏王诞辰，迷信神道者创为拜香会，或因己身有病，或子女为父母或妻为夫病。先至庙中许愿，病愈后至七月内斋戒沐浴，发辫解散，身着罪衣罪裙，手执小凳，凳端燃香一支插之，自家中拜，起拜十年者则十步一拜，五年者五步一拜，三年一年均随其所许，而拜若壮健之男子尚可，若青年妇女双翘瘦削，行一步一拜礼，望之颇可矜怜。

---

① 海寇：对郑成功的蔑称。

好尚志

请毛姑姑

毕雨箕风，好尚不一。然宁郡俗见，有与他处不同，且相沿已久而不知命意之所在，摘采之以见风俗之异。相传二月初二日为毛厕姑姑诞日，人家闺阁可请之以卜休咎。其请法，用筲箕一枚，反复于桌上，插纸花数朵，沿边则插竹筷一枝，持至年久之侧所[①]，不避秽恶，焚香瞻拜，虔诚敦请，则便溺中必泛一水泡，人遂以为毛姑姑来矣。二人恭舁至堂前，先焚香以待，居筲箕于正中，旁二人捧之作扶乩状，桌铺米少许，欲问事者匍匐通诚，默默祷祝，则筲箕能自动，沿边所插之竹筷，即于米上挥洒各种花式，妇人有孕者，卜之生男则画一锁，生女则画一花，颇有奇验。事毕，仍送侧所[②]，再泛一泡而逝。

打　春

乡民有口才者，在阴阳学纳钱少许，请给一谕帖，即将吉祥语编成歌谣，持一小锣，至人家门首，手击口喝，语极俚鄙可笑，然人家以为吉祥，必赠钱米少许，名曰送春。

跕门子

日将夕时，人家妇女多修饰洁净，立于门外，若作倚门卖俏状，不独小家为然，即中上人家亦往往而有。或有足纤湾小新式弓鞋者，故跷一足于门槛以示行人。然见有衣裳楚楚者过，

①② 侧所：应为“厕所”。

又必藏之门后，人过则复出，其形最可笑。

止瞌睡

相传立夏日，以豌豆煮熟作糕，坐于门槛食之，可以止作事时之瞌睡。

赶　社

清明日上坟，古例也。宁省人家有新坟者，必于春秋社前三日致祭，化楮帛云。过社日之后，如不上坟，鬼即为社公敲扑云。

闯门子

宁省妇女用事常至远近东邻西舍，镇日谈天，除食宿外，几无家居之片刻，因而彼长此短，是李非张，往往致生口角，最为无益，所谓闯门子是也。

送节盒

金陵妇女于节期前数日，以食物争相馈遗，谓之送节盒。命家中所雇之女媪致送，受者必赏以力金，谓之盒子，但所送绝无新鲜之物，惟盐鸭、油鸡及饼饵而已。往往有甲家送之乙家，乙家又送之丙家，丙家又送之丁家，辗转相馈，卒至鸡鸭腐臭不可食，诚无谓也。

算　命

正月内，城乡内外大家小户必使游街之瞽者算命，云可以定一年之趋避，即可以免一年之灾害。瞽者又必鼓簧其词，云某日有某星与某命犯冲，诱之解禳，索钱数百文，谓之退送。而妇女闻之，若奉为玉律金科者，蠢笨无知识，诚属而怜而可笑。

淹元宝菜

节届小雪之候，无论贫富人家，皆须以白菜濯净，渍盐淹之。设有无力淹菜者，人必耻笑之。相传菜能白嫩，家即兴旺，否则不利。凡淹菜日，言语最宜避忌，谓之元宝菜。

放风筝

清明日，南门外雨花台游人如蚁，即士女踏青，亦必一游以吸受新空风。青年之辈，则札成[①]各式纸鸢放之，争奇斗异，大有可观，然亦往往肇事云。

灯　市

正月玩灯之日，小负贩因无事，即预扎各色纸灯至市中出售。妇人孺子搽脂抹粉，成群逐队，实繁有徒，亦新年之一景也。灯市城有两处，一在夫子庙，一在评事街。

游街锣鼓

正月内青年好事者常聚多人，各执一乐器，沿街敲击，引妇女出观，以为笑乐。

---

① 札成：应为“扎成”。

避忌志

遇尼姑

宁郡人早出，最恶见女尼，则以为大不祥。如二人同行，必分走两旁，使女尼从中而过；一人独行，见之则口吐唾沫，云足以解禳。

说　梦

午饭以前最忌对人说梦字，有不慎而误道者，人必变色，掩耳而走。

关门坐

入茶社饭肆饮食，三人一桌，如空上一位不坐，谓之关门坐，为肆主所最忌。

跷门槛

凡入店铺购物，设将一足跷于门槛，为铺家所忌，见必呵斥。

击碗盏

茶社饭铺，或坐久食物不送至，以箸击碗盏，铮然作声，则堂倌必惧而急应，恐铺主人闻之，责照应之不周到。

抱　膝

入妓院狭游[1]，双手抱膝，最为妓女所忌。

作呵欠

清晨对人作呵欠，人必骂詈之。

---

① 狭游：应为“侠游”。

赶棺材不上

酬酢之间，迟早可以任意。唯送人出殡稍迟而灵柩已经起行，则为大不祥，谓之赶棺材不上。

金陵古迹诗志

谢公墩

幕府风流镇石城，夷吾原不负唐生。中年丝竹公卿望，半壁河山草木兵。何物清谈能废事，此人高卧岂忘情？一墩千载空黄土，寂寞休争身后名。

江令宅

总持遗宅枕寒潮，璚树笙歌更寂寥。身与美人辞后主，天教押客住南朝。江山红粉家何在，花月青溪泪不销。徐庾文章都健笔，可怜亡国鬓萧萧。

燕子矶

龙虎东南胜，拦门第一矶。江声腾万骑，山势突重围。云起苍蛟吼，风高白雁飞。英雄人不见，杯酒酹斜晖。

莫愁湖

繁华消尽水东流，眼底江山六代愁。留得一湖风景好，美人名字占千秋。

胜棋楼

百战功封异姓王，风流也爱郁金堂。一枰赢得新汤沐，高筑湖楼对水光。

莫愁女

中山遗像供当中，毛发森森想鄂公。添个莫愁楼下坐，美人长此伴英雄。

后　湖

我爱莺声酒一壶，闲游到此访名区。不知万柳堤何处，人说青青在后湖。

清凉山

秣陵秋色任追攀，气爽楼高挹翠鬟。最爱哭龛诗句好，名人原不负名山。

扫叶楼

小阁高楼岂易攀，寻吟了不为云鬟。新寒常带斜阳色，看遍江南落叶山。

又

扫叶道人古像留，我今凭吊独登楼。若非扫尽人间恨，安得当前有莫湖。

血石亭

先生正气塞乾坤，几片斑斓石尚存。道是苌弘新溅血，长留杜宇旧啼痕。一腔空抱孤臣愤，十族同酬故主恩。历劫不磨精气在，未妨灵异托忠魂。

又

一亭高建左公尊，有石中藏今尚存。欲表丹心方正学，须看齿血石留痕。

三台洞

一峰又一峰，峰腰白云封。一洞又一洞，洞口白云拥。驱云四面飞，云去僧忽归。泠泠空籁响，御之乃直上。入险境欲穷，出险路复通。长虹卧曲沼，绝磴探深窈。扪壁鬼发青，一风阴闪镫。巨蟒恐当路，跛鳖不能步。蚁附而螺旋，层层欲上天。天梯半空架，天转出其下。俯视一线穿，日影晶光圆。鸡犬在人世，何异桃源里。长啸凌翠微，颓阳下岩扉。洞门猿送出，白云倏已合。

撒手厓

到门不见山，入门山始大。一落百丈泉，佛顶跳珠过。凹凸玻璃屏，巨灵凿空作。寒潮啮山根，荡样天风簸。云从天外归，欲塞窗纸破。松枝藤藓枯，石骨霜棱挫。悬厓何地无，撒手慎勿懦。去去苏门啸，远岭梵钟和。

馆娃宫

粉脂香腻绮罗妍，销尽雄心遣暮年。眉黛竟含亡国恨，头颅生受美人怜。萧萧画屧寻秋草，淼淼空波冷玉莲。城上乌栖台下鹿，越王宫殿鹧鸪天。

齐云楼

拔山遗恨楚重瞳，歌舞虞兮气不雄。一代红颜销劫火，满城黄叶坠西风。花间凤阁珠镫暗，海上龙衣玉帐空。贵主凄凉桥下水，肯教破镜乐昌同。

栖霞山

最高峰顶立，足底蹑鸿濛。一线长江绿，千岩夕照红。珠泉喷薄雾，剑石出阴风。文字天开古，茫茫禹迹空。

台　城

建康宫在晋时成，后号台城忽变更。可惜仁慈梁武帝，天教饿死太无情。

冶　城

吴王铸所费功成，锡得嘉名号冶城。只说千锤兼百炼，谁知终被越王倾。

石　城

夕阳高拥石头城，雉堞环围势峻嵘。回忆江南吴大帝，争雄空自费经营。

越　城

金汤自固却欢娱，雄据江南合并吴。今剩斜阳空远指，越城虽在越王无。

方　山

忆昔秦皇自恃雄，曾教王气断江东。方山石硊今犹在，可惜当年二世终。

茅君山

一山环翠望珑玲，首有茅君迹暂停。白鹤又乘又际[①]去，空瞻香火说仙灵。

剖心碣

建康府判剖心亡，昔日杨公骂贼狂。恰与比干同一节，至今碑碣尚留芳。

献花岩

遥望岩峰翠色添，中藏一寺露楼檐。当年百鸟含花献，入定僧应带笑拈。

三宿岩

静海中藏怪石岩，悬崖峭壁别成天。虞郎到此留三宿，恨我今无一宿缘。

一人泉

双峰蔚起望嵯峨，上有清泉滴乳窝。山恐精华全漏泄，一人一勺不流多。

---

① 又际：应为“天际”。

南京稀见文献丛刊

金陵杂志续集

（清末民初）徐寿卿 撰

点校 卢海鸣

南京出版社

序　文

中国二十一行省，首推南、北二京，为兵家必争之地，又为官商会萃[①]之区，人情风土，□有不同，地理古迹，甲于他省，到此者每望洋而叹。《金陵杂志初集》一书，洵为迷津之指导，其中列举各种，虽不周详，亦可得其大概。惜乎该书之作，缘前清南洋劝业会陈列比赛，仓猝告成，而遗漏者亦复不少，已经三次订正，仍未完备，心焉憾之。窃思历代时势变迁，或数百年，或百余年，或数十年不等。民国建立以来，十余年间，前后殊情，未有若此其甚者也。专制之世，一跃而入共和，政局屡更，人民痛苦，宁垣[②]经过之事，实传闻互异，真相莫明，非个中人未能详述也。予生长于斯，两次光复之情形，见闻较确，特恐境过情迁，有以讹传讹之误，故功余之暇，不惮辛勤，姑录记之，编入歌词，以待后来之参考。并调查风俗、迷性[③]、房产、古迹、行政诸要端，凡《初集》中未载之事，一一而补录之；已载而未全之事，一一而加入之，名曰《续集》，俾阅者一目了然，知为官商军学各界必用之书。至南朝《哀江南》、洪羊[④]《哀江南》皆称杰作，世所

① 会萃：今作“荟萃”。
② 宁垣：南京城。
③ 迷性：即迷信。
④ 洪羊：对太平天国领袖洪秀全、杨秀清的贬称。

共赏，均有声有色，令人一读一行泪。宁垣两次光复，变幻离奇，尤为人所注意者，惟《哀江南》尚付阙如[①]。予才力薄弱，且素不善歌词，而勉力尾随其后，是削足就屦，恐不免为大方家所窃笑也。是为序。

民国十一年端阳前十日江宁徐寿卿编辑于资敬书屋。

① 阙如：原书误作“関如”。

目　录

金陵古迹补遗

金陵迷性

金陵风俗补录

宗教

纪念日

金陵行政各机关

金陵古迹杂咏

金陵房产定例

世事沧桑几变更，巍然犹是石头城。

英雄豪杰今安在？雉堞纵横夕照明。

金陵石头城

其中造化夺天工，神速如龙迴不同。

汽笛一声烟缕缕，全城商旅便交通。

金陵城内铁道

老树枝头鸟雀喧，残壕荒垒暗销魂。

当年说法僧何在？乱坠天花事尚存。

金陵雨花台

蒲牢声寂几春秋，胜迹空传百尺楼。

从此晨钟多警觉，樊山才子已名留。

金陵钟楼

镫火荧荧棘院街，飞车走马傍秦淮。

桑沧世事多更换，感慨何妨小住佳。

金陵贡院街

明室犹留旧故宫，一湾流水贯长虹。

雕栏玉砌分明在，雁齿排来内外同。

金陵五龙桥

古迹重修不忍湮，先朝陵寝焕然新。
红男绿女争瞻仰，残缺犹留石马人。

金陵明孝陵

荷花十里荡扁舟，山色湖光眼底收。
胜迹虽存玄武地，终教朱雀在前头。

金陵元武湖

本杂志编辑者　徐寿卿小像

本杂志发行者　史久成小像

启　事

《金陵杂志初集》久已风行海内，已销万余部之多，材料极其丰富，虽订正三次而遗漏者仍复不少，且时局变迁，事实亦因之而异。兹徐君寿卿于功余之暇，不辞劳瘁，编辑各种最适于用者，名之曰《续集》，历数寒暑而告成，内容完备，洵称合璧，知必为各界诸君所欢迎也。书印无多，购请从速。

花牌楼共和书局谨启

哀江南[1](其一)

六朝亡国之惨,描写净尽,词句之妙,犹其后焉者也。

山松野草带花挑,猛抬头秣陵重到。残军留废垒,瘦马[2]卧空濠;村郭萧条,城对着夕阳道[3]。野火频烧,护墓长楸多半焦。山羊群跑,守陵阿监几时逃。鸽翎蝠粪满堂抛,枯枝败叶当阶罩;谁祭扫,牧儿打碎龙碑帽。横白玉八根柱倒,堕红泥半堵墙高,碎琉璃瓦片多,烂翡翠窗棂少,舞丹墀燕雀常朝,直入宫门一路蒿,住几个乞儿饿殍。问秦淮旧日窗寮,破纸迎风,坏槛当朝,目断魂消[4]。当年粉黛,何处笙箫。罢灯船端阳不闹,收酒旗重九无聊。白鸟飘飘,绿水滔滔,嫩黄花有些蝶飞,新红叶无个人瞧。你记得跨青溪半里桥,旧红板没一条。秋水长天人过少,冷清清的落照,剩一树柳弯腰。行到那旧院门,何用轻敲,也不怕小犬哰哰[5]。无非是枯井颓巢,不过些砖苔砌草。手种的花条柳梢,尽意儿采樵;这黑灰是谁家厨灶?俺记得[6]金陵玉殿莺啼[7]晓,秦淮水榭花开早,谁知道容易冰消。眼见他起朱楼[8],眼见他燕宾客[9],眼

---

① 本文引自清代孔尚任《桃花扇》续四十出《余韵》。以下改动,均依据人民文学出版社 1959 年 4 月第 1 版,不再一一注明。

② 瘦马:原文误作“瘐马”。

③ 城对着夕阳道:原文脱漏一“道”字。

④ 目断魂消:原文误作“日断魂消”。

⑤ 哰哰:原文作“嗷嗷”。

⑥ 记得:人民文学版作“曾见”。

⑦ 莺啼:原文误作“莺声”。

⑧ 朱楼:原文误作“珠楼”。

⑨ 燕宾客:人民文学版作“宴宾客”。

见他楼塌了[①]。这青苔碧瓦[②]堆，俺曾睡风流觉，将[③]五百年[④]兴亡看饱。那乌衣巷不姓王，莫愁湖鬼夜哭，凤凰台栖枭鸟。残山梦最真，旧境丢难掉，不信这舆图换稿。诌一套《哀江南》，放悲声唱到老。

① 楼塌下：原文误作“倒塌了”。
② 青苔碧瓦：原文误作“青苔比瓦”。
③ 将：原文误作“那”。
④ 五百年：人民文学版作“五十年”，疑有误。

哀江南(其二)

前清洪羊浩劫,人所尽知,焚掠烧杀,不堪其苦。但其中详细情形,未能尽悉。占据宁垣十年之久,吾民何辜而受此糜烂也!

石头城下拥兵多,不隄防[①]贼兵飞过。万家门下锁,一路血成河;击鼓鸣锣,早又报皇城破。四下巡逻,白昼杀人还放火。千般搜索,黄昏入室尚操戈。有的是夫妻儿女共投河,有的是父子弟兄同仰药;捱不过,也有的火焚绳绞钢刀割[②]。卧佛寺佛遭劫火,洞神宫神葬清波,三藏殿飞作灰,长干塔烧成壳,黑心肠劈开圣座,红眼睛骂到阎罗,仙佛无何浩劫何,任你个刀斩斧剁。甚强徒官职巍峨,丞相恩加,检点亲多,侍卫如何。买卖街一般掏摸,巡查衙儿队喽啰。圣粮衙米粟多,圣库衙金银夥。娃崽生拉,童女强拖。恨不得众兄弟齐当圣兵,新姊妹共杀妖魔。最苦是姊妹营,镇日间云鬟拖,挑土盘仓砻碓磨,把罗裙儿扯却,还不许袜凌波。我只道老人馆安稳无他,谁承望折屋挑河,一个个把草儿来耨,一个个把稻儿来磕,更兼着尸首要拖。这几日飞差太多,仍不如向机房暂躲。那江西儿见城池破,这江南妄想君王作,癞虾蟆怎啖天鹅?眼见他占金陵,眼见他僭国号,眼见他饮鸩药。生享五鼎烹,死也受千刀割。有一夥人助他为虐,把城头鼓夜夜敲。腰下刀时时带,屋中人家家捉。愁来万事休,悔甚当初错,到今日飘蓬无着。且编成一套《哀江南》,待觅个同调人儿和一和。

---

① 隄防:应为"提防"。
② 钢刀割:原书误作"纲刀割"。

哀江南(其三)

民国初次光复，极称文明，城中鸡犬不惊，诚为仁者之师。惟旗民独遭惨劫，亦天道往还之一证也。

武昌城下起雄兵，两月间四方响应。推翻专制毒，造得共和成；故物神京，到于今才反正。鹤唳风声，沿海沿江多听命。负嵎顽梗，可怜最苦是金陵。有人借口作忠臣，因他手握将军令，只说是孤城斗大能持定。又谁知满清数尽，再难收已去人心。众父老恨官军，众兄弟望革军。云霓时雨最文明，准备壶浆箪食迎，谁承望严城更紧。你既然守土尽心，城存与存，城亡与亡，方为忠荩。如何夜半，忽地潜身。赖银钱保全性命，托外人携带逃生。羞倒官军，笑倒人民。十万元赏格飞腾，只好学漏网潜鳞。只见他黄龙旂已无形，五色旂到处擎。闾阎市肆惊魂定，不道名区胜景，半日里属他人。长街步，小巷行，到处安宁，更不教百姓震惊。都只为种族争衡，苦累了皇城蹂躏，男子死亡都尽，遗卵覆巢倾，这妇女仓皇逃命。一霎时咸阳劫火相将并，这万间广厦成灰烬。过故宫，禾黍飘零。大城内安人民，忽然间政府成，忽然间总统定。好名城树风声，观望的皆效顺，把六代江山管领。那衰运的宣统帝、失时的隆裕后、蒙满的亲贵等，残棋无法救，愿把君权逊，一任他称尊异姓。可怜他好山河，锦绣场，春梦醒。

哀江南(其四)

其四[①]民国二次光复，黄兴独立，何海鸣独立，均不自量。驱逐后，全城抢掠一空，人民困苦流离，不堪言状。迄今痛定思痛，姑录之，以为酒后茶余之助。

共和政体正欢娱，不隄防[②]突闻鼙鼓。江西方扰攘，安庆又龃龉；建业名区，也跟着潮流赴。登高一呼，去年此日展鸿图。再来规抚，也思依样画葫芦。今情昔势不相孚，可知好梦难追步；从头数，五旬独立来宣布。既树了堂堂旂鼓，就该成烈烈丈夫。驰羽檄，下战书，诰军民，誓师旅，出号令大发车徒，看气势直欲吞吴，谁知一瞥成逃虏。想金陵本是名都，连年荒歉，民困未苏，何堪兵劫，再扰阎闾。白昼里搜来阿堵，半夜里载去青蚨。无心肝的志士，戴假面的强徒，伪托是救民水火，其实是社鼠城狐。乱轰轰兵无主，各相图。何海鸣出囹圄，盗弄潢池凭险阻。这舞文的伧父，几曾见能掌兵符？枪炮声满天舞，风送呼呼。倒壁冲墙落路衢，冤死了多少无辜。十万家关门闭户，断薪米买处俱无。偶尔出门间，怎禁得枪林弹雨？忽闻得雄师五道来奔赴，云霓仰望群黎庶。谁知道阑入城郛，第一朝搜富户，第二朝掠商铺，第三朝抢民居。眼看军衣军帽，扬威耀武，使百姓同叫连天苦，龙江关一夕成焦土。看他新式枪肩头负，九龙袋腰下箍，毁墙壁冲门户。人民皆躲避，鸡犬难安堵，有甚似郑侠流民谱。到如今痛定思痛苦，编一套肓词语。

---

① 其四：衍字。

② 隄防：应为“提防”。

金陵事实备载

沿　革

春秋长岸，吴楚之交，楚置金陵邑，秦改金陵为秣陵。三国时吴大帝都秣陵，又改秣陵为建业。晋改建康，隋改江宁县，唐代又改名白下。明太祖都白下，又改白下为应天府；永乐迁燕，称燕为北京，称金陵为南京。清初承前明南畿之旧，号曰江南。清衰，洪秀全都此，称天京。杨吴分上元、江宁为二。民国初，废府州厅而一律改县，于是上元、江宁合并为一，仅存江宁县。

钟　山

金陵山之地势最高者，莫如钟山。诸葛武侯所云“龙蟠”是也。一名蒋山，吴大帝因祖讳钟而改名。汉末秣陵尉蒋子文逐贼有功，死，葬于此，因名。一名紫金山，庾阐《扬都赋》谓“时有紫金”，故名。负北面南，其东则达青龙、雁门诸山，北连雉亭山，西临青溪山，南有钟浦流入秦淮，岧峣嶷峻，实金陵之镇。俯眺城中，万家烟火，绮纷绣错，有朝阳洞、商飙馆、王羲之墨池。茅山居其腰，天堡城居其顶，全城之命脉在焉。

秦　淮

秦淮河之名始于秦。昔吴张纮言：秦始皇以金陵有王气，故掘断连冈接石头城处。今方山石湰[①]横渎是也。《建康实录》言：秦淮旧名龙藏浦，今称之者鲜。其水流三百里，地势高下，

---

① 石湰：应为“石硊”。

屈曲自然，不类人功，疑非始皇所凿。盖疏凿山趾，以广淮流。惟其间形势变迁有二：考孙吴六朝故都，距秦淮五里，为缘城之险要。杨吴改筑金陵，贯秦淮于于中[①]。今异于昔，诚非虚语。每当夕阳西下，风景极佳，画舫徵歌，不绝于耳。然水味不中饮，犹可资以浣濯，且有舟楫运输，交通尤称便利也。

新市场

民国九年，处分贡院，分上、中、下三等价额，听民间缴价领售，改筑市场。惟明远楼、至公堂、提调堂、监临堂、飞虹桥、士子号舍等，永远保存，以为纪念。中分马路，横直数条，向南方面，一名龙门街，一名平江府街；向东方面，一名新姚家巷街；向北方面，一名平江府西街，一名西文场街；向西方面，一名平江府西街，一名平江府南街。龙门街内，左名龙门南街，右名龙门西街。明远楼后身，一名衡鉴堂街。以上街道，皆新起名目，以补《金陵杂志初集》之缺。

科　举

南京贡院号舍之多，甲于他省。上、下两江应试士子，三年一次，为朝廷之大典，入场者约两万余人。数百年抡才之地，由民国一旦拆毁，殊深扼腕。例于八月八日为第一场应试之期，十一日为第二场，十四日为第三场。先两日(即初六日)，正副主考及监临内外帘官，均乘显轿进贡院，谓之为入帘。关防严密，不会客，不通函。初八日清晨点名，在二道门口，分左右两处。某县入场，以悬灯为记，另有灯牌引入，每牌五十名。士子

① 于于中：衍一“于”字。

入场，可以鱼贯而入，不至拥挤。至夜半时封门，旋即开印题目，命号军分散。士子号舍，在明远楼两旁，以《千字文》列号。第一场四书文三篇；第二场五经文五篇；第三场策问五道。光绪时废八股，改论义。第一场史论一篇，四书义两篇；第二场五经义五篇；三场策问如前。十五日三场考毕时，每士子交卷，发给钱票二百文，谓之为月饼费。士子墨卷，分交誊录处，誊录写红字，然后分送内帘官披阅。内帘官共十八人，于文之佳者荐于主考，赞同者中式。约九月二十左右出榜。中式举人，一百五十余名；副榜二十余名。第一名为解元，第二名至第十八名称为十八魁。清季之末，弊端百出，有顶名冒替者，有传递者，有买荐者，清廷下令停止，此贡院遂成为赘疣。特恐代远年湮，询其贡院科举之制度，莫明其真象，姑略记之，以待后人之参考云。

选　举

自科举停止后，改为选举，亦三年一次。国家有国会，地方有议会。议员由人民公举之，位置居于最高机关，神圣不可侵犯，一切损益之事，为人民之代表。未选举前两月，每区派调查员二人，挨户稽查有选举资格若干人，列入名册，报告省署，然后出榜通知，粘贴各区警局墙上。于何日选举，由调查员按名分送选举证，每名一张，入场者非持此证不可。其选举场在明远楼内衡鉴堂上，两旁设二十余匦。入场选举，持此证换票，由本人亲手填写。省署派监视数人。投票毕，由后门出，不得流连。似此郑重，于科举较为完备，而孰知选举弊端更甚于科举。投票者是否本人填写，不得而知；得票者是否素有名望、人所敬仰者，亦不得而知。自清晨起至五句钟止，投票毕，县署加封，将此匭仍抬入县署。至开匭日，又抬至衡鉴堂，当面开匭。得票之人数，视投票名数之多寡为断。或一千余张、八九张不等，得第一次选举票者，谓之初选。隔十余日复选，由初选得票人中，选举若干人，谓之为议员。又由议员中选举一议长。经两次手续而始行解决，法至良也。投复选票时，争之剧烈，必须富有之家，乃能达其目的。不若科举时代，虽一介寒儒，亦可侥幸弋获之也。

夫子庙

文庙一带，向为游人聚集之所。自辟新市场后，较前清气象，迥不相侔。下午时，士女如云，夜间尤甚。至十二句钟为止，灯火灿若明星，车如流水马如龙，到此者竟流连忘返。茶馆酒肆，不下数十家。书寓弹唱者，一为新奇芳阁，一为全安楼。打鼓金腔者，一为五云日升楼，一为龙威阁。男女合演者，名游戏场，锣鼓喧天，颇形热闹。对文庙河旁，排列茶船，尤为特色。上有留音戏，供人冶游啜茗消遣。全城官私妓女，到其间卖笑者络绎不绝，藉啜茗为名，而其实招引年轻子弟，为入门之捷径，直与上海青莲阁野鸡相似。此外，又有露天游戏、说书、唱小曲、西洋景、卖武艺等，亦复不少。是以客商来宁，莫不争欲游观，一开眼界也。

四乡镇市

宁垣四乡区域，极为寥廓。其间镇市，棋布星罗，难以枚举。兹将最著名者姑略纪之，以供众览。东有东流、汤水，东北有章桥、栖霞，东南有上方、淳化、索墅、解溪、湖熟，南有土山、闸桥、龙都,西有下关、上新河,西南有板桥、江宁镇、牧龙亭、元井、元山、秣陵关、禄口、小丹阳。

茶　坊

宁垣茶馆,无地无之,大小约计四五十所,惟最著名者仅十余所。水西门大街西园近月楼、北门桥潮园、贵人坊清和园、东花园白鹭洲。自贡院辟为新市场之后,游人较诸往日增添数倍,茶馆增设亦多,军政商学各界到此品茗者,颇不乏人。新奇芳、六朝居、奎光阁、青云阁、五云日升楼,首屈一指。价分三等,一律洋码。上等五分,中等四分,下等三分。此外,得月台、义顺、德星聚、文来、迎水台、问渠,皆系钱码,堂信照应一切,较他处格外周到也。

酒　肆

宁垣为省会之区,官商云集,故酒肆林立,推东牌楼贡院街一带为夥。中西菜全备者,则有四家:金陵春、第一旅馆、第一春、群乐楼。有中菜而无西菜者,则有十四家:江南大旅社、万家春、共和旅馆、万全长松、海洞春、秦淮旅馆、长发、问柳、宴乐春、老宝新、醉仙居、小如意、小乐意,坐位均极宽敞雅洁,食品亦精美可口。此外,素菜馆亦有两家:绿柳居、芹香楼。惟价目一律大洋,小账加一,牌声纮管声,通宵达旦,不绝于耳。

客　栈

军商政学各界,到省听鼓营业者,颇不乏人。是以客栈日见发达,城厢内外,共计四五十家。惟最著名者,仅有六处地址:大行宫华洋,中正街惠中、临中、交通、泰来、凤台、宁台、大观楼,御街大方旅社,益仁巷聚亿,夫子庙全安,状元境聚贤、集贤、庆贤、长安、南洋，均尚清洁，房金有三角、五角、八角、一元、二元不等，惟宏敞壮丽，只有交通、大方、聚贤三栈，首屈一指。

盆浴堂

规模宏敞，座亦清洁，城内共计十家：三山街三新池，夫子庙秦淮池，御街新新池，承恩寺东园，府东街华清池、新龙池，花牌楼斌园，太平街临园，碑亭巷敏园，城北堂子巷福园。价目参差不齐，均分三等：客座、官座、西座。八十客座，一角官座，二角西座，小账酌加。惟三新池则分四等：普通座、特等、超等、西座。普通座八十，特等座一角，超等座一角五分，西座四角，小账加一。其最廉者新龙池，客座六十，官座一百，西座一角五分。

妓　馆

前清妓女，只有钓鱼巷一处。民国因起花捐，则分三等。凡作此种营业者，划一定界址。钓鱼巷为头等，东关头为二等，东花园为三等。同一营业，而价目有高下之分。茶围、叫局、摆酒均相等，惟住宿头等昂于二等。三等则不然，与上海野鸡相似，茶围六角，住宿三元，无叫局、摆酒之名称。此外则有私妓，谓之曰土娼，与上海花烟灯相似，茶围、住宿，其价则廉而又廉矣。近则三等妓馆，不遵限制，任意扩充，蔓延至金陵闸一带，居然开弦弹唱，毫无忌惮。青年子弟，失足者多。吁，良可叹已！

画　舫

自六朝以至于今，秦淮画舫，久已脍炙人口。大小共有一百余只，价分数等：上者四舱，约十元；中者三舱，约四五元；下者两舱,约一二元;最下者一舱,约五六角。视时间之长短,定价目之高下。停泊东关头、大中桥居多。有妓女乘船卖唱,听游客点戏,每出小洋二枚。夕阳西下时,笙歌盈耳,挟妓侑酒,通宵达旦,真有"此地乐,不思蜀也"。

戏园

下关戏园,共有两家:大马路百利,二马路第一舞台。价目分三等:二角、四角、六角。宁垣戏园,共有四家:府东大街同春大舞台、钓鱼台第一舞台、新市场春新贡舞台、贡院大街游艺场。三家正式戏园,或开或歇,惟游艺场虽芦席搭成[1],而男女合演,上等名角,间亦有之。价目分二等:男一角钱四十,女二角。观之者拥挤不堪。此外有大鼓、京腔两处,尤为特色。飞龙阁、五云日升楼,每位二角,茶钱在内,点戏一元。北地人赏鉴者,居其多数。

交通

金陵全城地址,分东、南、西、北、中五区,以夫子庙为中心点。往来军政商学各界,住中正街、状元境两处旅馆,居其多数。欲往沪、往津者,至下关约十五里,有火车、汽车、马车、人力车之便。宁省火车,价目分三等:头等大洋四角,二等大洋三角,三等大洋二角。马车约一元二角。人力车小洋二角。往沪者,由下关乘沪宁火车;往津者,由下关搭小火轮渡江,价洋五分,乘津浦火车。若学界到中正街下火车,至河海工程学校及第一女师范,近在咫尺,可以步行;至门帘桥第四师范、青年

① 搭成:原书误作"塔成"。

会及八府塘第一中学，人力车铜元约三枚；至北极阁高等师范、东南大学，人力车约十枚；至红纸廊法政学校，人力车约六枚。至干河沿金陵大学、暨南学校，人力车约一角；至江宁府钟英中学校，人力车约六枚；至龙蟠里建业大学、国学专修馆，人力车约十枚。课余之暇，欲游览一扩眼界，金陵古迹甚多，指不胜屈，但路之远近，不得而知，被车夫任意需索，殊为可憾。虽车价向无定例，而有此范围，可以不致离奇矣。明孝陵，从夫子庙过淮清桥、大中桥，出朝阳门，人力车来往约四角，马车来往约二元，外酒资二角。紫霞洞、灵谷寺，相离不过数里耳。钟山亦咫尺，巅有天堡城、浙军纪念塔。攀跻而上，全城一览无余。入城时，到旧皇城、古物保存所、秀山公园，又可随意游览，以为倦还休憩之地。雨花台，从夫子庙至东牌楼、信府河，过南门桥，出城仅里许，山顶上有方正学先生祠、永宁泉，在此品茗，每碗五分。春夏日游人不少，人力车约铜元十枚，马车约一元二角。离雨花台不远有刘园，就地势造成，天然风景，惜乎修理无人，零落不堪。入城时，可往胡园一游。由沙湾进饮马巷小门口，至鸣羊街，人力车约铜元六七枚。莫愁湖，内有胜棋楼，徐中山王遗像下有莫愁女遗像，春夏日在此品茗，游人亦复不少。从夫子庙至奇望街、承恩寺、黑廊、坊口、行口大街，过陡门桥、油市大街，出水西门，离城仅里许，人力车约一角，马车来往约二元，外酒资二角。清凉山，上有扫叶楼、翠微亭，最盛者七月间，平时游人间亦有之。从夫子庙至中正街、珠宝廊、朝天宫、汉西门大街，人力车约铜元十枚，马车来往约二元，外酒资二角。回时过龙蟠里，可往图书馆、薛庐、一拂先生祠游览一周。玄武湖风景极佳,堤上绿杨蔽日,十里荷香;中有小艇,可以放乎中流;游客愿荡者,约洋二角。从夫子庙至中正街车站,人力车约铜元五枚,乘火车至丁家桥下,价洋一角五分。出丰润门,离城仅半里许,人力车约铜元五枚。回时仍在丁家桥乘车,至无量庵下,可往北极阁一游。山上有鸡鸣寺,寺内有豁蒙楼,登楼远望,玄武湖即在目前也。至汽车价目,不论路之远近,每一点钟大洋四元,其驶亦与火车无异。汤水在朝阳门外,约五六十里,有汤泉可以沐浴。近则另有汽车,专供游人来往,价目两元六角。将来汤水市面繁盛,汽车生意之发达,有必然者。

金陵古迹补遗

石 城

在府治西南。吴孙权于江岸必争之地建筑此城，因石头山堑凿之，陡绝壁立。当时大江环绕，今河流之外，平衍如砥，距江尚远。陵谷之变迁，于此可验。

化龙亭

在幕府山上。汉时所建。光武帝追王郎子过江，有龙戏于水面。晋元帝渡江，见马化为龙，故名。

祖堂寺

在牛首山之西。懒融禅师修道之处。唐贞观中，传四祖法[①]建寺，故山与寺皆名祖堂。曲径通幽，禅房寂静，过于牛首之弘觉寺多多也。

沿山十二洞

在永济寺西。幕府山麓有洞十二，其最奇者惟山台洞[②]，内有观音泉，左有一线天，右有神仙洞府，上有玉皇阁，一路怪石奇险，令人生惧色。

鸡鸣寺

鸡鸣寺，即古同泰寺故址，在北极阁之旁。内有豁蒙楼，俯视元武湖[③]，接天莲叶，一碧无涯，别有风景，令人流连不置。

---

① 四祖法：应为“四祖法融”。
② 山台洞：应为“三台洞”。
③ 元武湖：即玄武湖，因避清帝讳而改名。

一拂先生祠

在清凉山麓。宋郑介夫献《流民图》，救活生民无算。去国时，仅存一拂，故以为号。后人追慕其功，建祠以为纪念。

扫叶楼

在清凉山腰，即龚氏半亩园故址。清初有扫叶僧居此。楼中挂一幅龚半仙遗像，持帚作扫叶形状。登斯楼也，长江、莫愁，都在一览中焉。

图书馆

在龙蟠里薛庐之内。搜罗古今书籍，卷帙浩繁，琳琅满室，以备士人之参考。来游者欲阅何书，只须写一纸条与看管人，旋即检出，任人抄诵，不取分文，但不得自由携出也。

卞壶墓

在城内朝天宫后冶山。晋苏峻犯顺，壶扶疾战死，二子亦见害。忠臣孝子，出于一门。至今古墓尚在，过此者莫不崇拜景仰而不置。

秀山公园

在皇城将军署旧址后身。因冯督①在宁，功德于民，并铸铜像于内，故建此公园，供游人观览，以为永久纪念。

古物保存所

在皇城五朝门②对面，即方孝孺③祠之旧址。前清端督建筑。搜罗历朝古物，煞费经营，陈列铜铁石木等器，无一不备。

---

① 冯督：误。应为民国初年的江苏督军李纯，而不是冯国璋。李纯，字秀山。
② 五朝门：应为“午朝门”，即午门。
③ 方孝孺：原书误作“方孝儒”。

均挂有牌，叙明某朝某人之物，一目了然。考古者得有所依据焉。

来燕堂

在钞库街乌衣巷，昔王谢故居。堂上匾曰“来燕”，今则年湮代远，有名无实。故诗有云：“旧时王谢堂前燕，飞入寻常百姓家。”于此可见。

桃叶渡

在秦淮利涉桥旁，因王献之妾而得名。桓伊邀笛步去此不远。昔年画舫鳞集，笙歌达旦；今则碧水依然，灯船来往，有过之无不及者。

凤皇台

在仓顶凤游寺中。宋元嘉时，曾有凤皇集于是山，因筑土为台，以庆其瑞。今则寺仍在而台无存，到此者郗嘘久之。

天界寺

在聚宝门外，与碧峰[①]、能仁二寺鼎列。元朝为龙翔寺，明初改名天界。中有二十六庵，地既广阔，僧亦众多，到此寺受戒者络绎不绝。宁垣诸寺，当首屈一指焉。

浙江烈士祠

在汉西门棋盘城。大门内建筑一亭，亭内有石碑，上刻各烈士姓名及阵亡之地点。旁有一池，与乌龙潭接壤；后有洋楼一座，足供眺望。烈士虽死，烈士之名永垂于不朽焉。

天堡城

在钟山西峰之巅。地势险要，为兵家所必争。俯视全城，

---

① 碧峰：原书误作“碧蜂”。

朗若列眉。俗云石头城之命脉即在此也。四围均以石砌成，中有炮台，故两次光复，于此间交战，最为剧烈。

纪念塔

在天堡城之上。高数丈，耸入云霄。因初次光复南京，惟浙军夺天堡城最力，其阵亡亦最多，事后建塔志功，以为永久之纪念。

张、向二公祠

在金沙井。前清咸丰间，洪羊[①]盘踞南京，势焰甚盛。清廷危如累卵，三分天下已去其二。幸有张国梁、向荣二公挽回之力，歼灭诸贼，卓著战功，故建祠以表旌忠。

昭明台

在湖墅镇，梁太子读书处。中建高屋，突兀云表，四面树木萧森，别有风致。至今台已倾圮，而基址犹存。惜无人重新建筑以复旧观。

紫霞洞

自孝陵东行不远，即抵紫霞洞。在钟山南麓。内可容十余人。相传有紫霞笼罩洞口，故以是名。上有清泉从山涧下流，终日不绝。

中山王墓

在钟山之阴。中山王即明之徐达，荡扫胡尘，功成不伐，洵为一代伟人。明太祖亲制御碑，尚立于墓之前，字迹虽已模糊，犹可辨认也。

---

① 洪羊：对太平天国领袖洪秀全、杨秀清的蔑称。

宝公塔

在朝天宫后，离飞来剪仅数武耳。塔高五级，相传志公藏骨地。经红羊[①]浩劫，焚毁无存。今覆以茅。寺南小涧边，有白石一块，上有花纹，形似龙蟠，俗呼龙蟠石。

嘉善寺

在神策门外三里许。大殿后巨石壁立，有一线天。巨石上建一亭，由旁径以达石梁，真寻幽之奇境。今石尚存，而殿宇已荒芜矣。

商品陈列所

在龙门街古迹保存所内。民国三年，在上海开会一次。民国十年，在宁垣开会一次，暂假至公堂、飞虹桥等处，陈列苏省国货，争竞甚烈。今则从新建造，布置一切，颇称完善。至陈列商货，五光十色，任人游观。

通俗教育馆

在半边街韬围内。后临秦淮，树木亭台，颇为雅致。其中陈列物品，足以感发人之心思。惟剖解全体，以及杨梅结毒形状，惟妙惟肖。旁有音乐部，笙箫管笛，无一不备，入场券只须铜元一枚，可称便利。

水关洞

在东关头。俗云三十三间楼。上下分两层，上层无人居住，下层为乞丐安乐之所。冬暖夏凉，面临钓鱼巷。花船咸聚集于此，通宵达旦，笙歌盈耳，所谓"苦中苦，乐中乐"是也。

---

① 红羊：对太平天国领袖洪秀全、杨秀清的蔑称。

藏兵洞

在南门贵人坊清和园内。有城门洞一，相传明时为藏兵之地。酷热之时，阳光不透，到此避暑，真无上之佳境。春夏日游人品茗，络绎不绝，干丝尤称特色。

倒塔影

在东花园塘内。报恩塔影倒映其中。此塔离塘三四里之遥，且隔城垣，而影竟能丝毫不爽，其塔之高可想而知，来观者莫不称奇。自洪羊焚毁后，而塔影无存，惜哉！

金陵迷性[1]

忌倒撮箕

元旦日，宁俗人家，不扫地，不倒撮箕，谓之曰聚财。咸云龌龊者，犹财帛也。倒撮箕是以财帛弃之门外，故最为忌讳。

掷砖求子

朝天宫明伦堂丹墀下，有石龟二，背上均驮石碑。元宵日，全城女子到此敬香者甚众。敬香毕，以红头绳系砖子，向雌龟背石碑上掷去，中者生子，不中者不得生子。

挂　红

百花生辰，相传二月十二日。宁俗人家，凡有各种花卉，必剪小红布挂在枝上，是年花开必盛，否则花虽开亦甚稀少矣。

不打瞌睡

立夏日，工作界与妇女辈，下午必买豌豆糕，坐于门槛上啖之，云“天长日永”，即不打瞌睡。是日卖豌豆糕者，莫不利市三倍。

流　星

妇女于酷暑之夜，不敢露宿庭中，云夏日流星极多。流星者，恶星也。天曹不使有坐位，故四方流走。若此星落于其身，即行恶运矣。

新坟不过社

清明日祭扫，各处皆然。惟新坟则不然，三年内必于社日

① 迷性：即迷信。

前三天祭扫，至社日为止。过此祭扫，云死者即被山神土地打骂，谓之大不孝。

五路财神

全城商店，均于正月初二日敬玄坛香。玄坛即谓之财神。惟民间于正月初五日敬五路财神。初四日夜半即焚香，桌上供香茗五盅，堂前炉火红烧，鞭炮齐响，如接到者定发财如意，愈早愈好，争先恐后，举国若狂，可发一噱。

豆腐渣

除夕日，乡间各家皆于釜中置豆腐渣少许。查察善恶之神见釜中只腐渣，必无米麦，其贫可知。神怜之，次年则俾其发财云。

独脚神

腊月二十三日，灶神上天，奏人间善恶。玉帝差独脚神于除夕夜下凡，布散瘟疫，故家家至日落时，即深垂卧帐以避之也。

扑蚊虫蚤虱

惊蛰初次闻雷，必趋至床前连扑床沿数下，口中作念曰："扑何物，扑蚊虫蚤虱。扑何物，扑蚊虫蚤虱。"若不扑，则谓蚊蚤必多。但验之殊不确。

深夜敲门

深夜时，除自己家人外，不许妄敲人家门户，犯之必遭骂詈。盖以为深夜敲门最为不祥，非报丧即有祸事也。

脱血裙

城之西北隅，有清凉山，俗称小九华。上有地藏寺，山僧于七月初一日开山门，任人烧香。因七月三十日为地藏诞辰。妇人佞佛者，即纷纷而来，谓之脱血裙。妇人生产一次，有血裙一条，如不脱去，死后有罪过，故愈近月杪，烧香者愈众。至二十七八九等日，男女杂遝，毂击肩摩，几于举国若狂。山脚下至山顶，一路乞丐不计其数。寺僧香钱，即以此月为大宗之收入。

张王老爷

二月八日，为张王老爷吃冻食之期。张王庙内养一狗，专祭张王。先一日杀之，天必奇冷；前两日必风，后两日必雨，谓之"请客风，送客雨"。然历试之，辄有奇验。附记张王之野史。按：张王不知何神，何代封王，亦不载于祀典。然秦淮河沿河两岸，家尸户祝，奉之维谨。或有好事者，询于乡间之父老："张王何神，尔等崇祀之？"父老曰："张王者，即独力开浚秦淮之神也。"询者骇曰："此河为秦始皇厌胜王气所开，何谓张王？"父老笑曰："子未免信书过深矣。"询者请其说。父老曰："数百年前，本无此河，而农田常遭亢旱。张王悯之，愿开一河以资灌溉，直通至京口之刀枪河。每日工作，辄嘱其妻：某日某时，馈食于某地。张王即来就食。然河路愈开愈远，农人未见有张王工作者，于是惊以为神。某日开至赤山，在句容县界，距省城约七十余里。其妻仍照约定之时馌之。久之，其夫不至。妻乃沿河索之，突见一大鼋，方广数丈，以头触石，赤山为之动摇。妻见而惊呼，鼋乃不见，而河开至此处亦遂止。盖此大鼋者，即张王之法身也。因为其妻窥破，故悠然而逝。后以功德在民，封为王爵。此确凿可据者，至今吾侪数十万家、数百顷田，皆食其福，安得不崇其祭祀乎？"齐东之语，原不足信，但河之两岸方圆百里，均沾其患，尊奉之而不敢稍懈者，亦非无故而然也。

茄　饼

宁垣人家祀祖，皆用荤腥，独中元节纯用素品。闻死者每至七月半，必至地藏王处点名，故祭品中不能用荤，且必有以茄子切碎，和面粉调而作饼享之。盖为祖先于路上作干粮云。

血污池

妇人因产而死者，及家族人等在产子一月内而死者，均云死在血污池中，其罪极大。有力之家，必延僧超度。以纸扎一死者之像，由僧人在池中提出，谓之破血污池。

同偕到老

婚姻之事，各处礼节不同。新娘或乘花轿，或坐马车。到门时，必待人持烛前迎，始出。男家必稽延时刻，谓之捺新娘性子。至下车轿入门时，足不履地，以红毡铺满，花鞋外套新郎布鞋，步入洞房。因鞋与偕同音，取“同偕到老”之意。

避天花

天花者，宁垣又称喜事。小孩所不能免，颇为危险。近则牛痘风行，则出天花者日渐少矣。每于春间，小孩已种过牛痘，必以红布剪一窄条，缝于小孩衣肩上，可免传染之患。

小儿好哭

有小儿日间顽笑，到夜间则不睡，专好啼哭。百般哄之，皆不理。每以红纸条贴于四岔路口，上写：“天皇皇，地皇皇，我家有个哭儿郎。过路君子念一遍，一觉睡到日头黄。”经过千人口，果有奇验。

如来柱

宁垣荒旷之地，小塘甚多。夜深时，每经过此塘，迷失路径，鬼设阵迷人，多有走入水中淹死者。塘旁埋一石如来柱，四面有如来佛像，则可免此患。

八卦治煞

家宅大门，最忌有煞气。或邻舍之墙屋有碍，家中人多疾病，即将八卦钉于门首，上用三铁箭，虽有各种煞气，可以治之。

过 火

宁垣人家移居，动用物件搬完后，用木梯将火盆摆于其上，两人抬之，名曰过火。家中男妇大小入新屋，必待夜深天将晓时，取其"愈走愈亮"之义。

打碎磁器

婚寿事，必嘱咐仆人小儿于磁器格外留心，不能打碎。如有打碎磁器者，婚寿人家谓之不祥之兆。

被火灾

无论自己起火、邻居起火，将房屋烧毁者，亲友家概不留宿。或至客栈及庙宇中居住三日，三日后则不忌也。

忌闻钉声

死者入殓后，由亲身人收钉，必敲三下。凡妇人有孕，及所忌几畜之人，须远避他处，不听钉声。犯此者必遭大凶。

踹 生

妇人产子之时，适其间有人到此，无论生熟，必备糕面尽量食之，谓之为踹生。将来此儿长大，乃有饱足。

金陵风俗补录

不言而喻

元旦第二日，各商店敬玄坛香，店夥必齐到店，任凭有事，概不能推诿。如有不到者，即为夥辞东之默认。

开　蒙

小孩至五六岁时，必送入私塾读书，谓之曰开蒙。本年若无立春，则小孩不能开蒙。相传无春之年开蒙，则读书必拙懦。

寿　器

家有老人，必谋于有闰月之年为之制棺，美其名曰寿器。盖祝老人年岁之再闰也。

留　宿

女眷出行，到戚串家吃酒，或邀留宿，第三日必不可回，云为死人成服之期；第七日亦不可回，云为死人头七之期。过此则不忌矣。

忌谈梦话

上午十二点钟以前，无论男女，在家在外，谈心时不谈昨夜所梦之事。偶或犯之，必为听者所唾。盖以为梦者，乃不祥[①]之名词焉。

鸡蛋腰子

楚皖各地，妇女于产后大啖鸡蛋，以为养料多而补益大。

① 不祥：原书误作“不详”。

宁垣则最所禁忌，以为不易消化。

啃　秋

暑天食瓜，所以解暑。初伏前不食西瓜，因系霉天所结，食之易生病。立秋后亦不食瓜，防患肚泻之疾。惟立秋日，家家户户必食西瓜，谓之为啃秋。

落秽气

清明前，城厢内外，以放风筝为游戏。如线断落掉，谓之落秽气。至清明日尤多，咸聚集于雨花台，盖寓竞争优劣之意焉。是日，游人之往观，几遍山野。又杂以扫墓之人，故地虽广漠，而山顶亦无容足地。近来警察恐肇祸端，特派巡士多人，梭巡弹压。而北人入军政界，作寓公于南都者，亦乘汽车、马车往游焉。

茶　篷

每年北极阁、清凉山两处，香火最盛。凡往来必由之道，临街辟一屋，观音诞日，中悬观音软像；地藏诞日，中悬地藏软像；两旁十殿阎罗，焚香爇烛。门外悬一七星三角旂，拜佛者过此，必重行顶礼，篷中以香茗享之，不敢分文，任人流连观览，故谓之茶篷。

拜四邻

宁俗云：远亲不如近邻。故迁移新宅，必先拜四邻。迁移第二三日，或每邻送茶叶四包，或每邻送面票两碗，以为敬意。

挡　尘①

宁俗新年门上悉换桃符。预备过新年时，腊月间择一吉

① 挡尘：应为“掸尘”，意思是拂去灰尘。

日，命仆人打扫清洁，用竹竿上扎竹梢，自大门至后门房上尘灰，除之罄尽，谓之曰挡尘。

守　七

宁俗亲丧，孝子于七七四十九天内，不剃发，不到亲友人家，谓之曰守七。

允许证

宁俗新造房屋，或翻造新屋，必先在该区警察署呈明，俟领到允许证后，方能兴工。如市房门面，照例缩进三尺，让宽马路。

报告书

迁移房屋，必先用报告书，填明迁移地点、沿途岗位，庶无阻止之虞。丧事出殡，以及妇人生产亦然。

营业证

宁垣贸易开店，无论大小，以及游戏事业，均须先在该区警察署呈明，俟领到营业证后，方可举行。否则即行停止闭歇。

禁勿发言

男女花烛之夜，男女家父母必叮咛嘱之曰："是夜勿发言。"男先发言，则穷男家；女先发言，则穷女家。

倒停棺

所可异者，家有死丧，奄柩在堂，棺必倒停，足上而首下。余曾广询多人，是何理由，均瞠目不能答。特不知此例作于何时，此理作为何解？即出殡时，舁之亦属倒行，必至入穴，则首上足下，始得正而葬焉。恶俗相沿，竟无人能矫其弊也。异矣！

铜簪铜饰

婚俗，即富贵之家金珠满匣，然于交拜、合卺、庙见之时，皆御铜簪铜饰，盖取“二人同心”之意。

天地交泰

五月十四、十五、十六三日，俗传天地交泰，乃阴阳不接之时期，最忌夫妇同床。犯之者，三年内必双亡。

抓　周

小孩一岁，名周岁。知识虽未完全，口不能言，而手中最喜执顽物。是日亲朋满座，将桌上陈列各种器具，小儿见之必喜。看他手抓何物，即知小儿后来之事业。

掷馒头

宁俗起造房屋，于上梁先一日，必写一红纸对联贴在柱上，其文云“竖柱喜逢黄道日，上梁正遇紫薇星[①]”。及至上梁时，匠人高声唱好后，用馒头及欢喜团自梁上掷下，听人争抢之。盖因馒头为发面所作，取其“大发”之意。

不洗被

人家洗被，亦常事耳。惟正月不洗被，犯之则悖时；五月亦不洗被，犯之则受毒。

悬　葱

新年，家家户户皆以红纸束葱二三根，缚以红绒，悬于门首、床前。盖祝此一年中“从从容容”之意。

赈济孤魂

自七月初一日起，至十五日止，城中各街道轮流施食，赈济

---

① 紫薇星：应为“紫微星”。

孤魂，谓之作盂兰会。各店家比赛悬灯扎彩，数莲花、唱帮子腔夹杂其间，居民往观者，途为之塞。

老脸会

一年两次。六月十一日一次，十一月十一日一次。此会皆秦淮妓女所作。惟六月十一日极为热闹，画舫往来，通宵达旦，与平常价增十倍。两岸妓女家灯烛辉煌，摆酒叫局者络绎不绝。如有妓女，无客摆酒叫局，即为霉妓女，定须另迁码头[①]，此地则不能久留也。

忌种梅花

人家闺闼窗前，不种霉花[②]，以梅与霉同音，恐日日见而倒霉也。

婚礼变通

宁俗旧礼，迎娶、三朝、会亲、望进、回门，分为五次。近则参用新礼，五次仪节，尽一日之间完结，其较旧礼简便多矣。

服制两种

亲迎，新郎着大礼服、礼帽、革靴；普通人用便帽、便服、缎鞋；新娘着大红色衣裙，头蒙粉红纱，足登绣履。与旧服制有天壤之别。

四眼人

宁俗妇人，身怀有孕者，谓之四眼人。婚丧之事，不能迎面，犯之者两有损伤。且腹大累累，亦被人耻笑也。

---

① 码头：原书误作“马头”。
② 梅花：原书误作“霉花”。

踏肚脐

五月五日，人家必将蒜头放在火里烧熟，午时剥开，取其肉，踏小孩肚脐，可保夏天无腹痛之患也。

宗　教

孔　教

自古至今，士子皆尊崇孔子，称“至圣先师”。夫子庙内大成殿有先师及四配像，春秋享祀，仪式繁重。私塾入学、学校开学，均须先行拜孔礼。

佛　教

南朝极盛，寺院有四百八十之多。民国以来，渐明印度哲学，佛教流通所、道德学社，逢期谈经说理，听讲者颇不乏人。

回　教

一名清真教，不食猪肉。商店必标明“清真”或“教门”二字。死者之尸用盒不用棺，丧葬不信堪舆风水之说。信教回民不劝外之人入教，亦不改信佛或耶稣教。

基督教

一名耶稣教，多系美国人。各处建筑教堂，每日下午宣讲，劝人为善。与佛教略同，惟不吃素。听讲入教者日众，并设男女学校、青年会，教育中国子弟，列强之收拾人心于此可见。

纪念日

政府成立

一月一日，南京临时政府成立，各公署、学校庆祝，全城悬国旗、结灯彩，并贺新年。

南北统一

二月十八日，前清隆裕皇太后明诏逊位，南北统一大纪念。国旗五色，志五族共和，自是日始。

国会成立

四月八日，中华民国国会正式成立自是日始。

国　耻

五月七日为国耻日，政令虽未颁布，而国民公同[①]认定，甚为踊跃，并于是夜举行提灯会。

武昌起义

十月十日国庆日，为武昌起义之期，又名双十节。提灯会亦于是日举行。

共和复活

十二月二十五日共和复活，适为耶稣生日，故各教堂庆祝弥欢。

---

① 公同：即“共同”。

金陵行政各机关

江苏省议会

江苏省议会，地址在丁家桥，又为各议员公寓，即前清咨议局之旧。民国纪元之初，临时国会亦设其中，开会闭会，无一定时间，以满法定人数为断。其议决案公布者，约分十四类，开列于左[①]：

（一）本省单行条例；

（二）预算及决算；

（三）省税及使用费、规费之征收；

（四）省债之募集及省库有负担之契约；

（五）财产及营造物之处分并买入；

（六）财产及营造物之管理方法；

（七）答复行政长官之咨询；

（八）受理人民之请愿；

（九）建议事件；

（十）依据法律命令应议事件；

（十一）查办案；

（十二）弹劾案；

（十三）质问书；

（十四）要求答辩书。

---

① 原书竖排右起，故称“开列于左”。下同。

江苏督军

江苏督军署，即前清之两江总督衙门也。民国以来，政局屡变，督署六年而七易其名，兹特录之于左：

（一）大总统府　孙文居此，称为临时大总统，故名曰大总统府。

（二）留守府　黄兴居此。南北统一，称南京为陪都，故名曰留守府。

（三）都督府　程德全居此。留守取消，都督理府移宁，故名曰都督府。

（四）将军行署　军民分治后，将军惟督理军务，故名曰将军行署。

（五）督军行署　共和再造后，合都督、将军，调和南北，故名曰督军行署。

（六）副总统府　冯督军被举为副总统，故名曰副总统府。

（七）督军行署　冯副总统入都代理大总统，副总统府又改名督军行署。

督署内组织，重要处有八：

（一）参谋处；（二）书记处；（三）副官处；（四）顾问办公室；（五）军务课；（六）军需课；（七）军法课；（八）军医课。

督署外，军务各机关有十八：

（一）军械局；（二）船舶股；（三）陆军被服厂；（四）粮饷局；（五）工兵营；（六）骑兵营；（七）炮兵营；（八）火药库；（九）机器局；（十）测量局；（十一）江苏要塞掩护队团部；（十二）硝磺局；（十三）宪兵司令部；（十四）陆军执法处；

（十五）旅司令[1]；（十六）招待办事处；（十七）总稽察处；（十八）陆军教育团。

江苏省长

江苏省长公署，地址司署口，即前清布政使司之衙门也。民国以来，署名三易，自军民分治后，而始确定也。兹特录之于左：

（一）民政长　都督时代之名称。

（二）巡按使　将军时代之名称。

（三）省长　督军时代之名称。

省署组织办事人员有七：

（一）政务厅；（二）咨议厅；（三）顾问；（四）第一科；（五）第二科；（六）第三科；（七）第四科。

省署内分设各机关有七[2]：

（一）司法办事处；（二）财政办事处；（三）营务办事处；（四）警备事务所；（五）禁烟处；（六）沙田股；（七）水利处；（八）选举事务所；（九）政治研究所；（十）省道筹备处；（十一）密电处。

江苏财政厅

江苏财政厅，地址在奇望街，即前清之盐巡道署也。掌国家税收入支出之权。各机关经常、临时费，概由财政厅发给之。今将所属征收货物税，总、分各公所地点，列举于左：

江南税所总分各所各地点：

---

① 旅司令：似应为“旅司令部”，疑脱漏一“部”字。

② 七：应为“十一”。

苏城阊门　胥门　盘门　葑门　娄门　胥门①　光福　齐门　枫桥　虎邱　铁路　木渎　横泾

同里同南　同东　天浦　芦墟　洪桥　黎里　周庄　鲇鱼口　遁村　芦墟巡船

盛泽盛东　盛西　平南　平北　唐家路　思古桥　南麻　梅堰

震泽震东　震西　震南　震北　杨定桥　巡船

常海常熟　三里桥　通湖桥　虹桥　水仙庙　长庙　王庄　梅里　唐市　䓖芜　萧泾底　杨光　吴塔　万庆庵　白茆口　新市　蔡泾　浒浦　福山　鹿苑　徐六泾

昆太太仓　东门　南门　西门　浏河　浏河口　沙溪　浮桥　璜泾　直塘　双凤　杨林　黄墩　珠家角　毛家市　岳王市　新塘市　白塔头　驷马关　正义　睢亭　渔泾桥　斜塘　角直②　陈庵　车坊

崇明双仙　中三沙　北三沙　桥镇　中兴　新开河　二条竖河　六七滧　八滧　上小竖河　久隆　东三沙　西三沙　堡镇　老滧　油车桥　三光　二滧　涛港　相见港　涨涨港

五库松江　五库　泖港　石河塘　松西车站　明正　得胜　胥浦塘　枫泾车站

闵行闵北　闵南　沙港　北桥　白庙塘　杜家行　天塘桥　洋泾　东沟　西沟　闸港　泾渭桥　周浦塘　油车马头

上海南市　沪宁车站　虹龙　叉袋角　叉袋角水路稽查　南段　吴淞江　嘉定　南翔巡船　沪杭车站　大泗江　日晖港陆路稽查　中段　大场　南关

吴淞出口　西段　沙钓船局　江湾　罗店

无锡黄婆墩　铁路　雪堰桥　北栅口　太平桥　马口　冷渎港　清石桥

---

① 胥门：衍字。
② 角直：原书误作“角直”。

大渲　南桥　北望亭　茅塘桥　普济桥

江阴泗河　黄山　新沟　桃花　大桥　通常港三段　三河　夏港　卢埠　石头　杨库

宜南宜兴　乌溪　张泽桥　分水墩　徐舍　聚隆桥　施家桥　甓桥　蒋家渡　大云桥　大浦　沙塘港　义田圩　南渡　溧阳城　金坛城　夏桥　指前标

武丹奔牛　了河　圩塘　郑陆桥　魏村　小河　邹坵　七里桥　武进铁路　武进各业代征　丹阳铁路　绸税　香草河　汤庄桥

丹徒象山　车站　西城　都天庙　下关稽查　运河　越河　新河　宝堰

江北税所总分所各地点：

南京下关龙江桥　老江口　仪凤门　新河　太平门车站　北河口　石城桥　拖板桥　观音门　南门　龙潭车站

六合张堡　通江　新篁镇　东门　南门　大摆渡　东沟　瓜埠　段腰　南江岸　西门　北门　西河沿　水家湾巡船

瓜泗徒仪白新洲　瓜涉　太平洲　旧港　上卡　下蜀　土桥　三汊河　北河坝

荷花池丹徒顺江洲　三江营　沙头

通如南通　天生港　任港　姚港　芦泾　石港　唐闸　丁堰　牛洪　白蒲　石庄　三十里　小李　盐仓坝　老洪港　丝渔　狼山　营船　新坝　如皋　力发桥　丰利坝　李堡　南闸　周圩港　碾砣港　双甸　秋场　新升港　观音港巡船

海门宋季　浒通　牛洪　大安　圩角　石驼　青龙　长圈　新港　灵甸　和合　杨桥

靖界靖江八圩港　夹港　上六圩　下六圩　十圩　中天生　斜桥　界河　马甸　杨湾　龙梢　七圩　新港　西来庵　城西　界口　过船　天星桥　兴

桥　小墩

泰兴黄古桥　毛家群　季家市　黄桥　通太桥　老龙河　毗卢寺　洋港

姜东姜堰镇　宝滕　王村　泰北　海安　白米　胡家集　九里沟　下坝　安丰　富安　梁垛　曲塘　东卡　寺巷口　塘湾　东台　时堰　溱潼　西溪

盐阜盐城　上冈　大冈　伍佑　冈门　泰南　沙沟　新洋港　阜宁　益林　新河　海门　沙河　板沟　杨集　东坎　青沟　东沟　孟隆　穿里河　湖垛

仙女庙新码头　施家桥　张网镇　尤家庄　八江口　佘家板

湾邵湾头镇　严家桥　刘家洼　鳅鱼口　邵伯　昭关坝　露筋祠

樊孔樊汊　小金沟　兴化　东明寺　后王庄　界沟　唐子庙　孔东　后王庄　丁沟　八字桥　广福桥　顾圩　杨涵

宝高高邮车逻镇　挡军楼　汜水　黄浦　均卡　南闸　子婴闸　王通河　金沟　涂沟　南河　马柳湾　北河　新河　马沟　王港　唐港

龙钱沟云大伊山　武障　大柴市　卡浦　钱集　沭阳　章集　塘沟　老隄头　灌河　底堰

青东青口镇　河西　米蓬　东海　下口　拓汪

杨众车淮阴　杨庄　众兴　车桥　石码头　老坝　史家集　曹甸　太仓　市河　五堤头　杨工　成子河　张桥　一铺　杨庙

宿窑微宿迁　窑湾　微山湖　滩上　徐营房　仰化　皂河　卫河口　龚渡　周井利

蒋坝皖省盱眙　三河　高涧　十四堡

统捐局总分所各地点：

宁垣认捐水西门旱卡水卡　中正街　南门　汉西门　观音门　通济门

上新河兼镇江木厘下关　大胜关　汉西门　十二圩　都天庙　浦口　北河口　西河口　三汊河　口岸　鲇鱼套　三江营

驻芜米厘皖省芜湖　三圣坊

开徐铁路货捐铜山东门　徐州北关　砀山车站

运北烟油等货统捐丹徒西门　瓜洲　都天庙　象田

港口猪捐如皋张黄港　新港　新生港　马甸　下六圩兼上六圩分巡　夹港　八圩　天星桥　口岸兼杨湾分巡　周圩　浒通兼青龙分巡　天生港　丁堰　黄桥　毛家群　石港　海安　塘湾　三江营　老港　碾砣

金陵道尹

金陵道署，地址在中正街，即前清之筹防局也。江苏六十县，分五道尹管辖，其升迁降调之权，虽掌于省长，而保荐则出自道尹。今将五道尹管辖区城，分别列举于左：

金陵道管辖十一县：

江宁　句容　溧水　高淳　江浦　六合　丹徒　丹阳　金坛　溧阳　扬中

沪海道管辖十二县：

上海　松江　南汇　青浦　奉贤　金山　川沙　太仓　嘉定　宝山　崇明　海门

苏常道管辖十二县：

吴县　常熟　昆山　吴江　武进　无锡　宜兴　江阴　靖江　南通　如皋　泰兴

淮扬道管辖十三县：

淮阴　淮安　泗阳　涟水　阜宁　盐城　江都　仪征　东台　兴化　泰县　高邮　宝应

徐海道管辖十二县：

铜山　丰县　沛县　萧县　砀山　邳县　宿迁　睢宁　东海　灌云　沭阳　赣榆

江苏教育厅

江苏教育厅，地址在侯府街。民国成立以来，组织此机关之变迁，期凡有六。今特列举于左：

第一期　辛亥十月，苏都督府成立，设民政司教育科。

第二期　纪元三月，本省暂行省官制定，议设司未果；六月，都督府移宁。

第三期　纪元十二月，军民分治，教育司隶省行政公署，简任司长。

第四期　十月，宁公署规复，司制仍旧。

第五期　三年六月，司制废，复改科；五年，巡按使改称省长，机关无变更。

第六期　六年十月，教育厅成立，直隶于教育部，厅长由大总统简任。

江苏省立师范十校、女师范二校、代用一校，高等师范一校开办在先：

南京高等　在省城大石桥，系两江师范旧址。

第一　在吴县紫阳书院旧址。

第二　在上海龙门书院旧址。

第三　在无锡。

第四　在省城门帘桥江南高等学堂旧址。

第五　在江都梅花书院旧址。

第六　在淮阴江北高等学堂旧址。

第七　在铜山。

第八　在灌云。

第九　在丹徒。

第一女子　在省城马府街。

第二女子　在吴县。

代用　在南通。

江苏省立中学十一区：

第一　在省城。

第二　在吴县。

第三　在松江。

第四　在太仓。

第五　在武进。

第六　在丹徒。

第七　在南通。

第八　在江都。

第九　在淮安。

第十　在铜山。

第十一　在东海。

江苏省立甲种实业学校八：

第一农业　在省城三牌楼，系储才学堂旧址。

第二农业　在吴县上津桥。

第三农业　在淮阴。

水产　在宝山。

女子蚕桑　在吴县浒墅关。

第一工业　在省城复成桥。

第二工业　在吴县。

第一商业　在上海。

江苏公立专门学校二：

医学专门　在吴县。

法政专门　在省城红纸廊。

江苏国立学校三：

东南大学　在省城大石桥南京高等学校内。

交通部立工业专门学校　在上海徐家汇。

河海工程学校　在省城中正街，系上江公学旧址。

江苏公立专门学校五：

南通纺织专门学校　在通州。

南洋商业专门学校　在上海静安寺路。

南洋路矿学校　在上海霞飞路尚贤堂旧址。

神州法政专门学校　在上海。

中国公学　在上海。

江苏美国学校六：

金陵大学　在省城干河沿。

青年会　在省城太平街。

东吴大学　在苏州。

约翰沪江南洋各大学　在上海。

江苏实业厅

江苏实业厅，地址在侯府街。与教育厅同时成立，直隶于农商部。凡公司、商会、银行、典当以及矿务、农林、工场（厂）必须立案注册[①]后始能开办。今将各场（厂）列举于左：

---

① 注册：原书误作“驻册”。

省立第一农业试验场　在清江。

省立第二农业试验场　在铜山。

省立蚕桑模范场　在江都天宁寺、徐海两处各设分场。

省立育蚕试验所　在无锡。

省立第一造林场　在省城朝阳门外明孝陵四方城。

省立第二造林场　在铜山。

省立护塘森林局　在宝山。

省立第一工场　在省城半边街。

省立第二工场　在吴县阊门下塘宝苏局旧址。

省立第三工场　在丹徒城内旧府署。

省立第四工场　在淮阴城内公济典旧址。

省立第五工场　在上海小南门内求志书院旧址。

省立第六工场　在江都城内化莠所旧址。

省立第七工场　在铜山东门内旧习艺所。

省立第八工场　在东海新浦镇旧海关。

省立第九工场　在常州旧府署隔壁。

省立第十工场　在松江西门城内。

陶业工厂　在宜兴四乡公所。

丝织模范工场　在吴县盘门内梅家桥旧铜元局。

丝织传习所　在省城淮清桥察院旧址。

商品陈列所　在省城龙门街古迹保存所内。

商务总局　在省城中正街。

商埠局　在宁垣下关。

南京电灯厂　在省城西华门。

江宁铁路局　在省城鼓楼。

官纸印刷厂　在省城奇望街。

闸北水电厂　在上海闸北叉袋角。

公济公典　在省城珠宝廊。

惠济典　在省城花市大街。

协济典　在省城李府巷。

通济典　在省城大中桥太平里。

中国、交通两银行　在省城中正街。

江苏、大陆两银行　在省城奇望街。

殖边、劝业、兴华三银行　在宁垣下关。

采矿名称、矿质及地点：

亚西公司煤　在句容凤潭乡馒头。

锦屏公司铁　在东海锦屏山。

阴山煤矿公司煤　在金坛游仙乡薛埠、阴山等处。

煤岩山煤矿公司煤　在金坛上元乡煤岩山。

铁矿　在江宁牛首山。

大理石矿　在丹徒高资乡横山。

铁矿　在江宁前山洼。

华利新记煤矿公司煤　在江宁太平门外林山。

大兴煤矿公司煤　在句容。

锦屏铁矿公司磷酸石灰　在东海锦屏山。

铅矿　在江宁晏公庙石山。

宁兴公司煤　在江宁团山等处。

贾汪公司煤　在铜山青山泉。

煤矿　在铜山贾家汪。

煤矿　在铜山大沟沿。

磁土矿　在丹阳泥山。

磷酸石灰矿　在东海石湫镇朐山。

金矿　在东海羽山。

煤矿　在句容龙潭镇青龙山。

煤矿　在江浦奉家[illegible]等处。

煤矿　在铜山王庄子。

探矿名称、矿质及地点：

笔铅矿　在句容东堰岗土山。

铅矿　在江宁朝阳门外紫霞洞。

煤矿　在铜山南乡三堡。

铜矿　在句容铜冶山即铜山。

铜矿　在江宁铜山根。

煤矿　在句容石家冈磁山。

益大公司煤　在萧县白土寨一带。

煤矿　在句容章贝村四周地方。

煤矿　在宜兴张渚镇牛山。

煤矿　在江宁县汤泉乡凳子山。

六十县商会名称：

江宁　南京总商会　下关商埠商会

句容　县商会　江句龙潭镇商会

溧水　县商会

高淳　县商会

江浦　县商会

六合　县商会

丹徒　镇江商会

丹阳　县商会

金坛　县商会

溧阳　县商会

扬中　县商会

上海　总商会　县商会　闵行镇商会

松江　县商会　莘庄镇商会　泗泾镇商会

南汇　县商会　周浦镇商会

青浦　县商会

奉贤　南桥镇商会　庄行镇商会

金山　朱泾镇商会　张堰镇商会

川沙　县商会

太仓　县商会

嘉定　县商会　南翔镇商会

宝山　吴淞商会　罗店商会

崇明　县商会　外沙商会

海门　县商会

吴县　苏州总商会

常熟　县商会

昆山　县商会

吴江　盛泽商会　震泽商会　平望商会

武进　县商会

无锡　县商会

宜兴　县商会

江阴　县商会

靖江　县商会

南通　通崇海泰总商会

如皋　县商会

泰兴　县商会　黄桥镇商会

淮安　县商会

泗阳　县商会

涟水　县商会

阜宁　县商会　益林镇商会　东坎镇商会

盐城　县商会　上冈镇商会　沙沟市商会

江都　县商会

仪征　县商会　十二圩商会

东台　县商会

兴化　县商会

泰县　县商会　海安镇商会　姜堰镇商会

高邮　睢宁商会

宝应　东海商会

铜山　县商会

丰县　县商会

沛县　县商会

萧县　县商会

砀山　县商会

邳县　县商会

睢宁　县商会

东海　县商会

灌云　县商会　响水口商会

沭阳　县商会

赣榆　县商会　青口商会

江宁地方审检厅

江宁审检厅在大夫第，系前清厘捐总局之旧址。初级、地方、检察三厅合在一处，专理民刑诉讼之事。分四级制：初级、地方、高等、大理院。兹将诉讼之手续开列于左：

民事诉讼状价目大洋六角。

民事辩诉状价目同上。

刑事诉讼状价目大洋四角。

刑事辩诉状价目同上。

委任状价目同上或请律师或请代理人均用此状

申请障碍被告有特别事故不能到庭时用此。

申请救助原告诉讼人无力出保证时得申请救助。

通知书由承发吏送与原被告及关系人，每件大洋一角五分，十里以外，照章增加，字数另外照算。

判决书费与通知书同。

拘票刑事急速处分用之。

传票民事承发吏送达刑事司法警察持之。

缺席判决如被告两次不到庭时即缺席判决。

上诉状价目大洋六角。

和解状价目同上。

申请执行状不取分文。

保证金诉讼未成立之先，须缴保证金方可成立。保证金之多寡，视债务之多寡为断。

诉讼保证金价额	第一审	第二审	第三审
十元未满	四角五分	六角三分	七角二分
十元以上二十五元未满	九角	一元二角六分	一元四角四分
二十五元以上五十元未满	二元二角五分	三元一角五分	三元六角
五十元以上七十五元未满	三元三角	四元六角二分	五元二角八分
七十五元以上一百元未满	四元五角	六元三角	七元二角
一百元以上二百元未满	九元	十二元六角	十四元四角
二百元以上三百元未满	十二元	十六元八角	十九元二角
三百元以上四百元未满	十五元	二十一元	二十四元
四百元以上五百元未满	十八元	二十五元二角	二十八元八角
五百元以上六百元未满	二十一元	二十九元四角	三十三元六角
六百元以上七百元未满	二十四元	三十三元六角	三十八元四角
七百元以上八百元未满	二十七元	三十七元八角	四十三元二角
八百元以上九百元未满	三十元	四十二元	四十八元
九百元以上一千元未满	三十三元	四十六元二角	五十二元八角
一千元以上二千元未满	三十七元五角	五十二元五角	六十元
二千元以上四千元未满	四十八元	六十七元二角	七十六元八角
四千元以上六千元未满	六十三元	八十八元二角	一百元〇〇八角
六千元以上八千元未满	八十二元五角	一百十五元五角	一百三十二元
八千元以上一万元以下	一百〇五元	一百四十七元五角	一百六十八元

江苏省会警察厅

江苏警察厅，地址在珠宝廊，又为全省警务处，掌各县警察长升降之权。其内部职务最要者有四，兹特录之于左：

（一）警务督察处

（二）消防督察处

（三）保安队

（四）侦缉队

警察署分东、南、西、北、中五区，各有分驻所、消防、骑巡地址，兹特录之于左：

（一）东区贡院大街　分驻四所夫子庙　中正街　红花地　西方寺消防科巷骑巡绣花巷

（二）南区全福巷　分驻四所铁作坊　船板巷　水左营　南门外消防篾街①骑巡南西门

（三）西区朱状元巷　分驻四所汉西门　七家湾　善司庙　水西门外消防笪桥市骑巡汉西门

（四）北区鼓楼　分驻三所鼓楼　群益堂　仪凤门内消防莲花桥骑巡仪凤门内

（五）中区大行宫　分驻三所龙王庙　丰富巷　慧圆庵消防承恩寺骑巡珠宝廊

下关大马路　分驻二所二马路　静海寺消防铁路街

① 篾街：原书误作"蔑街"。

金陵古迹杂咏

后湖荷花行

元武湖平寒光净，仙人不语开妆镜。冰华翠盖万锦张，亭亭绰立欹还正。夺将春色一百六，华严世界眩游目。风摇乱影闲婆娑，波跳圆颗明珠多。荡舟深处白鹭起，扣舷竞欲讴吴歌。绕城展放三十里，古寺突出湖心里。絜榼更上幽亭来，倚槛纵览衔金杯。一缕清风送香至，酡颜回映花为开。安得轩中共逃暑，清樽良友日日湖上相追陪。

白门柳七古

春城花艳春波绿，衫影惊鱼箫倚玉。游女仍歌桃叶词，行人自唱前溪曲。当年春色竞繁华，月绪风条踠地斜。笑指秦淮堤畔树，数株初种不胜鸦。

又七律二则

香词唱罢柳耆卿，又折柔条白下城。紫陌一鞭春试马，红楼十里晓闻莺。吴宫滄沱烟初散，隋苑凄迷雨乍晴。最是愁人禁不得，碧波如镜画桥横。

又

瘦尽东风力不支，倾将浓绿上柔枝。丰姿绝世张思曼，离别三生杜牧之。晴雪白摇帆影外，夕阳红入棹歌时。永丰南角休相忆，费尽黄金付阿谁。

莫愁湖櫂歌四则

不随中妇识流黄，不采罗敷陌上桑。艇子弯弯向何处，莫愁湖上好风光。

又

莫愁家住石城西，欲指红楼路已迷。只有春情浓不散，隔湖犹逗燕莺啼。

又

教侬催动木兰桡，到得湖心手自招。日影尚高潮未上，大家停桨话前朝。

又

前朝少妇出卢家，颜色娇如桃李花。文彩双排金累凤，青丝一髻鬟堆鸦。

书余澹心《板桥杂记》后四则

金粉楼台劫火红，烟花南部太匆匆。才人编就伤心录，无限兴亡感慨中。

又

东南坛坫各风流，名士名姬互唱酬。半壁江山都不管，停桡买醉散春愁。

又

笙歌画舫月沈沈，得遇奇才订赏音。慧福几生修得到，家家夫婿是东林。

又

水阁香来笑语温，北来烽火最销魂。鼓鼙声急春灯乱，无数妆楼昼掩门。

石头城怀古二则

狮儿豪气压江东，负泽依山盖代雄。万仞郁盘龙虎气，三分割据帝王功。楼船风卷降幡白，铁戟沙沈劫火红。可惜蒋陵芳草路，石麟无语夕阳中。

又

半壁河山典午朝，金陵王气已萧条。新亭涕泪中原杳，小草功名太传标。苏武节留名相玷，元规尘起外藩骄。家居撞坏纤儿去，剩有空城打暮潮。

白下游春曲

春从何处来，江南多大堤。雪融杨柳覆，烟暖蘼芜齐。山樱红欲然，野芳绿初荑。晴旭飞陇雉，和风鸣竹溪。游衍敝车轮，招寻倦马蹄。水生秦淮曲，花发石城西。春光何艳艳，春人自提提。山翠学髻鬟，波影含玻璃。湔裙枉兰渚，挈榼来桃蹊。蝶恋舞扇芳，莺妒歌板低。畏香却杂佩，裛粉借妆啼。桃叶江上迎，莫愁湖上栖。恩怨自尔汝，谣唱相招携。夕照烟萝凉，归途云竹迷。尚同襄阳乐，拍手歌铜鞮。

卞壶墓在冶山①。

历阳警报从东来，元规束手真庸材。小丹阳戍不肯设，坐令宫阙生尘埃。大航烽火照白日，援兵远来贼近逼。峨峨尚书督诸军，涕泣誓师尽臣力。西陵一战嗟无功，臣疽在背臣力穷。强张空拳励士卒，孤臣血染青溪红。[illegible]二子亦赴敌，子死孝兮臣死忠。尚书致命颇慷慨，元舅避贼何从容！吁嗟乎！冶山一抔干净土，忠骨棱棱此千古。我来展拜日已暮，松柏萧萧作人语。

张、向二公祠在金沙井。

束发从军鬓已皤，英雄壮志惜蹉跎。力全桂管奇功在，转

① 冶山：原书误作“治山”。

斗江淮战绩多。南国长城推道济，中原宿将重廉颇。丹阳城下英灵泣，风雨声声唤渡河。

一拂先生祠一拂先生即宋郑侠，号介夫。其祠在清凉山麓。

天津桥上鹃声急，南人作相殊坚僻。九阍沈沈不可叫，监门夜抱封章泣。臣侠顿首谨上书，书所难尽佐以图。青苗困逋负，市易严追呼。保甲免役与用兵，新法种种民何辜。身被锁械冻馁俱，百万生灵沟壑余。阍门不纳由马递，陛下宜思旱所致。奸臣既去雨时至，不雨臣甘伏斧锧。忠言侃侃回天心，观图乙夜嗟感深。诘朝并罢十八事，一雨霡霂称甘霖。奈何谣诼二群小，竟谪微官投岭表。万言慷慨献朝堂，一拂凄凉来海峤。官虽被谪民不忘，千家父老擎壶浆。生艰鼎食殁庙祀，椒糈菊盏陈馨香。石头城下斜阳路，犹认当年读书处。西风飒飒吹前楹，天半英灵自来去。劫余祠宇已成尘，建置重看庙貌新。为问半山居士宅，一椽何日辟荆榛。

秦淮河

祖龙一去足销沈，终古秦淮碧不禁。六代妓歌同葬玉，千年王气尽埋金。轻萍单舸摇寒吹，稚柳轻潮罥夕阴。留与王家载愁句，桃根桃叶镇相寻。

古同泰寺即今之鸡鸣寺。

凄迷烟雨送南朝，废寺空闻说姓萧。断塔十寻欹夕照，残钟一杵咽寒潮。舍身苑蚀狌鼯[①]啸，说法台荒雁鹜朝。愁绝台城西去路，颓垣疏树暝翛翛。

---

① 狌鼯：原书误作“狌鼯”。狌，黄鼠狼；鼯，林间哺乳动物，形似松鼠。“狌鼯”连用，古书中常见。

明故宫四则

燕子高飞入帝都，报恩曾说建浮图。前星耀处非椒寝，傅会硕妃[①]孰辨诬？

又

手调汤饼性情真，潜邸周防[②]问苦辛。他日垂帘传德政，女中尧舜亚宣仁。

又

翠华北狩别燕山，土木兵兴怨主孱。香炷祷天传吉语，宫中日日唱刀环。

又

象板鹅笙谱六么，内家姊妹尽红绡。江干鼙鼓声声急，犹唱春灯醒寂寥。

明孝陵

松杉翳翳护灵垣，胜国孤陵云气浑。一代河山换飞燕，六时风雨和啼猿。幽宫夜飐寒磷色，复道秋深野烧痕。玉碗金凫尽零落，不知谁是旧王孙。

永宁泉在雨花台上。

纸鸢风里酒旗开，镇日探春约伴来。桃李花红香茗绿，品泉同上雨花台。

鸡鸣山

前枕[③]台城后俯湖，名山声价本来殊。颓垣萧寺迷离认，拾

---

① 硕妃：原书误作“硔妃”。传为明成祖朱棣生母。
② 周防：疑为“周访”。
③ 前枕：原书误作“前沈”。

级登临亦自误。

画　舫

风吹粉黛满河香，灯舫笙歌粲列行。最好月明三五夜，繁华端不让余杭。

十　庙

六代匆匆阅废兴，鸡鸣古埭尚崚嶒。全荒十大功臣庙，我亦伤心到孝陵。

邺　园

闲居好事邺园汪，葱草春深处处香。纤腕妙题余驻鹤，于今乱石不成行。

随　园

乾嘉风雅萃随园，诗画淋漓紫雪轩。遗冢荒凉无可觅，仓山何处托吟魂？

皇　城

峨峨金阙九重天，鹄立朝臣忆昔年。禾黍而今伤满目，宫门一路莩儿眠。

报恩塔

浮图高矗北山门，永乐当年报母恩。惨目伤心遭劫火，琉璃瓦片竟无存。

十二洞

古径幽深曲折通，世传曾住有仙翁。孤舟江畔今何在，铁锁犹然练此中。

燕子矶

山势嵯峨路亦奇，石矶谁把钓丝垂。天成燕子临江啄，难画难描夕照时。

北极阁

高阁凭城俯逝波，山前景物尽坡陀。居高临下星辰灿，车水游龙眼底过。

钟　楼

蒲牢声寂几春秋，胜迹空传百尺楼。从此晨钟多警觉，樊山才子已名留。

乌龙潭

黑云曼衍起山河，驻马名流上此坡。今日龙蛇犹舞鬣，烟尘时助恶风波。

狮子山

石城内外峙高山，石壁苍苍夕照殷。移自波斯留幻影，龙蟠虎踞控诸蛮。

雨花台

无端缓步踏青来，只见空山不见台。曾说谈经微妙处，天花飞坠落尘埃。

秦淮艳品三则

白门有客惜芳华，枨触前游旧酒家。多少幽怀成影事，故将彩笔记烟花。

又

结伴寻春得得来，赤栏桥畔重徘徊。可怜一样秦淮柳，都是红羊[1]劫后栽。

① 红羊：对太平天国领袖洪秀全、杨秀清的蔑称。

又

青溪姊妹发毵毵，露浥柔枝尚未酣。偏是扬州明月好，二分无赖在江南。

金陵房产定例

宁垣地方较他省大，房屋亦较他省多。自民国成立以来，各省人民到此居住者，日增月盛，惟北方人居其大半，以致房屋比前清价增一倍，客民不知俗例，受其欺蔽者颇不乏人。兹将租、典、卖、押四种大概情形，开列于左：

（一）租屋　分上、中、下三等。上等房屋，有门房客厅者，每间三元。中等无客厅者，每间二元。下等每间一元。押租在外，无定数。租定后，必先写租据，将押租及每月租金必于租据上注明。其中用介绍人（即中人）两人或三四人不等。东、客各出租金半月，谓之为小租，以酬介绍人之劳。扫拾小修，东工客食（房客出伙食，房东出工资）。若墙壁倒塌，谓之大修，工、食概归房东，房客不得过问。东辞客，让租金一月；客辞东，有一天算一天租金。

（二）杜屋　市房分四等。杜价额，视街道之盛衰、租金之多寡为标准。如黑廊、承恩寺、坊口、行口、大功坊、府东大街等处为一等，杜价额六厘七厘不等（租金六七元者可杜价一千元）；花市、武定桥、南门大街、讲堂大街、陡门桥、水西门大街、花牌楼、大行宫等处为二等，杜价额八厘九厘不等（租金八九元者可杜价一千元）；评事街、板巷、马巷、新桥、北门桥为三等，杜价额一分上下（租金十元者可杜价一千元）；其余街道为四等，杜价额一分三四五不等（租金十三四五元者可杜价一千元）。在房契据齐全，房客过租，当面立契兑价。除正价外，受杜主另出使费洋每千元者六厘（即六十元），写契人一厘，介绍人五厘；税契费八厘，内有教育费二厘。至于住房，则不论租金，以房间阔窄、进身①长短、成色新旧为标准，使费及税契费与市房同。房屋未空，立契时先兑杜价一半，俟出空时再兑杜价一半。帮②让出空期间，大概以三个月为限。

（三）典屋　价额与杜屋不同。市房五六成不等，住房亦然。如急待款应用者，五成间亦有之。市房典期，以三四年为限；住房以五七年为限。立契时，另立回赎据一纸，与出典主，如典当中之当票，不能遗失。使费六厘，教育费二厘，典主出五厘，业主出三厘。期满持据回赎，两无异言。倘期未满，已经杜与他人，必须回赎时，受典主所用使费，一律照认。扫拾小修，概归受典主自备。大修费，邀中注明典契，加入正价，亦并回赎。该房杜定时，必先通知受典主。若受典主不愿找杜，方可杜与他人，免生一方交涉矣。

（四）靠押　靠押者，以本房全契据靠押现金。业主因有急用，取其便捷也。无论市房、住房，只得押其半价。市房息金，自一分起至一分四五厘不等；住房息金，一分七八厘，亦有二分上下者。将本房租金抵息，押期以一年为限，不用立契，只要立靠押据一纸，将在房契据全交受押主为质，房客当面过租。扫拾小修费，以及房客亏短租金，均归出押主照认，另立回赎据与出押主收执，期满时持据回赎，两无异言。如期未满回赎，照认一年租金抵息，使费六厘（靠押一千元者，使费洋六十元），以

① 进身：应为“进深”。

② 帮：疑为“搬”。

酬介绍人之劳。此使费均归出押主一人出，受押主不出分文，谓之苦中苦。

租、典、卖、押外，又有八种：

（一）明典暗杜　典房价额仅半数，必限定若干年回赎。若不限定年数，而又出重价，不放赎据，谓之明典暗杜，亦避税契之一善法。但需钱用时，只能转典而不能出售，此美中不足者在此也。

（二）银不起利房不起租　租房性质，押租极重。而每月起有行租，概谓之租。若不起行租，而押租与典价相等，以若干年为限，谓之"银不起利，房不起租"，此避用使费之一善法。无论典卖，必先将押租交涉清楚，所谓"马作庇股[①]下"是也。

（三）租地造屋　租人之地而建筑房屋，每月行租若干，以多少年为限，限满邀牙估值，充价于租地者。或不愿充价，照市卖地主之地。若两不愿意，再行接租，无拆屋还地之理。

（四）永租　押租极重，而行租亦极大。租据上有"永租"字样，地主不得出售他人。此等租法，与卖无异。

（五）租地期满屋归地主　市面之地，租与他人起造，每月不取租金，或十年或二十年为限，租据叙明。限满后，无论该房屋起造钱之多寡，概归地主收回。

（六）水火倒塌　无论典押，出此不虞之事，由受业主佃款起造，加入正价一并回赎。若受业主不愿佃款，或无力佃款者，将此地出售他人，得洋若干，受业主得六成，出主得四成。

① 庇股：疑为"屁股"。

（七）坐山靠　押房一事，以租抵息，最忌出押主任在其内。俗云“卖马不离鞍”，虽过租亦等于未过，倘有欠租等事，不能另换租客，谓之坐山靠。

（八）典不压卖　典屋虽有限期，倘限内业主有特别事故发生，必欲转售他人，照认受典主使费，不能措词留难。若限期已满，业主无力回赎，受典主亦不能强迫，惟逾期满三十年，则作为己产，业主不得回赎。

矿业条例

第一章　总则

第一条　探矿、采矿及其附属事业为矿业。

第二条　探矿权及采矿权为矿业权。

第三条　中华民国人民或依中华民国法律成立之法人得依本条例取得矿业权。

第四条　凡与中华民国有约之外国人民得与中华民国人民合股取得矿业权，但须遵守本条例及其他关系诸法律。

外国人民所占股分不得逾全股分十五之五①。

第一项之外国人民应提出该国外交官或领事官之证明书于农商部长或矿务监督署长，证明其愿遵守本条例及其关系诸法律。

第五条　二人以上合办矿业或呈请合办矿业时，应推定一人为代表，并呈报该管矿务监督署长，如未经呈报，由矿务监督长指定一人充当之。

前项合办矿业者或呈请合办矿业者，视为订有合伙契约。

第六条　矿质之种类如左：

第一类

金、银、铜、铁、锡、铅、锑、镍、钴、锰、锌、铝、砒、汞、铋、铂、铱、钼、铬、铀、煤炭类、宝石类。

---

①　十五之五：疑为“十分之五”。

第二类

水晶、石棉、金刚砂、云母、钢玉、石膏、磷酸石灰、重晶石、硝酸盐、硫磺、硫化铁、硼砂、弗石、大理石可作装饰品者、长石、滑石、笔铅、泥炭、琥珀、土沥青、柏油、浮石、海泡石、磁土、硅藻土、硅藻板、苦土矿、漂白土、颜料石类如赭石红土等。

第三类

青石、石灰石、砂石、花冈石、斑石、白云石、土灰、灰泥石、粘土、大粘土、其他采矿所得之建筑石材及一切有用石类。

食盐及煤、油归国家专办,不在右三类①矿质之内。

第七条　前条未列之矿质得由农商总长随时核定种类,以部令公布之。

第八条　第六条所载各种矿质并其废矿矿滓,非经农商总长或矿务监督署长核准不得探采,但地方团体公有之各种矿泉不在此限。

第九条　第六条第一类矿质,无论地面业主与非地面业主,以呈请矿业权在先者有优先取得矿业权之权。

第十条　第六条第二类矿质,地面业主有优先取得矿业之权,但地面业主声明不愿取得矿业权或注册一年以后尚未开工者,农商总长或矿务监督署长得另准他人取得其矿业权。

第十一条　第六条第三类矿质,应由地面业主自行探采,或租与他人探采,但须经由地方行政长官核准。地方行政长官为前项之核准时,须转达矿务监督署长。

---

①　右三类:原书左起竖排,故言“右三类”。依本书当为“上三类”。

第二章　矿区

第十二条　矿业权者受政府准许探矿或采矿之土地区域为矿区。

第十三条　左列各地不得领作矿区：

一、距古圣庐墓及历代帝王陵寝地界一里以内者。

二、于炮台、要塞港及一切军用局厂有关系之地点以内未经该管官署准许者。

三、距商埠、市场地界一里以内未经该管官署准许者。

四、距官有公有建筑物、公园、著名古迹、公用道路、铁路及紧要水利等地界四十丈以内未经该管官署①。

第十四条　矿区界限以直线定之。地中开矿之界限以地面所划定之界限直下为准。

第十五条　矿区面积以方里及亩数计算。六十方丈为一亩，五百四十亩为一方里。

第十六条　煤矿以二百七十亩以上十方里以下，其他各矿以五十亩以②五方里以下为限。

前限之规定，如因特别情形农商总长认为必要时得增减之。

第十七条　一矿区内不得设二以上之矿业权，但目的异种之矿质或有第三十五条事故时不在此限。

第十八条　凡在矿区之外开掘隧峒专为泄水、通气、转运之用者不以矿区论，但须经矿务监督署长之许可。于前项隧峒

---

① 据前文例，此文脱漏"准许者"三字。

② 据上下文意，此处脱漏"上"字。

内发见矿质时，应即呈报矿务监督署长。矿务监督署长遇有前项呈报认为有开采之价值时，得限期令其领作矿区。

第三章　矿业权

第十九条　矿业权视为物权，准用关于不动产诸法律之规定。但同一矿区内矿业权及其他物权同归一人时，其他物权依然存在。

第二十条　矿业权不得分割。

第二十一条　矿业权除承继、让与、滞纳、处分及强制执行外，不得为权利之目的，但采矿权得为抵押权之目的。

第二十二条　左列事项应呈由该管矿务监督署注册，但矿业权之行使受限制时，不得为废业之注册。

一、矿业权之设立、变更、移转、消灭及限制。

二、矿业权作抵押时，其抵押权之设立、变更、移转、消灭及限制。

三、合办矿业权者之退夥。

第二十三条　关于前条注册，则别以法令定之。

第二十四条　第二十二条所规定应行注册各事项非经注册不生效力，但矿业权之继承、矿业权满期之消灭，及本条例之竞卖不在此限。

第二十五条　凡欲探矿者应具呈文并附图说，呈由该管矿务监督署长核准，但矿务监督署长认为必要时，得令地方官调查或派员查勘。

第二十六条　探矿权以二年为限期。

第二十七条　探矿时所得矿物须经矿务监督署长准许方

得出售或消费，并依本条例纳税。

第二十八条　凡欲采矿者应具呈文并附图说，经由该管矿务监督署长呈请农商总长核准，到署再行注册，但农商总长认为必要时，得令该管矿务监督署长调查或派员查勘。

依前项之规定，矿务监督署长得令地方官调查或查勘。

第二十九条　矿业呈请人得变更其名义，惟在探矿期间非呈报矿务监督署长、在采矿期间非经由矿务监督署长呈报农商总长核准不生效力。

第三十条　采矿呈请人须证明其地确有欲采之矿物。

第三十一条　矿业呈请人所具图说若不完备，矿务监督署长或农商总长得限期令其更正或补呈，如逾限尚不更正、补呈，应将原呈取消。

第三十二条　农商总长或矿务监督署长于探矿呈请地确认为适于采矿者得限期令其呈请采矿，如逾限尚不呈请时得许他人之呈请。

农商总长认采矿呈请地仍须探矿者准用前项之规定。

第三十三条　采矿呈请地之地位、形状与矿床之地位、形状不合致损矿利时，农商总长或矿务监督署长得限期令其更正，如逾限尚不呈请更正，应将原呈取消，前项之情事呈请人亦得自请更正。

第三十四条　农商总长或矿务监督署长认矿业呈请地为妨害公益或无经营之价值时不得核准。

第三十五条　因矿床之位置、形状必须掘进邻接矿区之时，应与邻接矿业权者协商，取具承诺字据，经由矿务监督署长呈请农商总长，将矿区增改；如不因前项情事欲掘进邻接矿区之时，除取具邻接矿业权者承诺书外，如有抵押权者并须取具其承诺，一并呈送。

第三十六条　探矿呈请地与他人已领之呈区相重复，如矿质为同矿，其重复之部分不得核准。

第三十七条　采矿呈请地与他人已领之矿区相重复，如矿质为同种，其重复之部分不得核准，但有第三十五条情事时不在此限。

第三十八条　采矿呈请地与他人探矿呈请地相重复，如矿质为同种，其重复之部分准用第三十二条第一项之规定。

第三十九条　矿业呈请地与他人之矿区相重复，如矿质为异种，矿务监督署长应即通知矿业权者，但认为他人之矿业有妨害时不在此限。

自通知后以六十日为限，矿业权者有优先取得其矿业权之权。前二项之规定有第三十五条情事时不适用之。

第四十条　探矿呈请地与他人探矿呈请地或采矿呈请地与他人采矿呈请地相重复时，其重复之部分应以呈请在前者有优先权。若系同时呈请，矿务监督署长应指定限期，令各呈请人协商后再行呈请。

已逾指定之期限，各呈请人尚未为前项之呈请时，应以抽签之方法决定优先权者。

第一项之规定，于第三十三条、第三十五条及第三十九条但书之情事不适用之探矿呈请地与采矿呈请地相重复时，若系同时呈请且矿质为同种，对于重复之部分，采矿呈请人有优先权。

第四十一条　探矿权之期间届满后，以三十日为限，探矿权者对于该区域内同种矿质有优先呈请采矿权。他人以前项之区域为矿业呈请地时，其矿质为异种准用第三十九条之规定，此际以前项之优先呈请者为矿业权者。

第四十二条　探矿呈请人于同种之矿质更为采矿之呈请，其呈请地有重复时，则其探矿呈请书发送之日即视为采矿呈请书发送之日，但第四十条第四项之情事不在此限。

前项之规定，采矿呈请人对于同种之矿质更为探矿之呈请者准用之。

前二项之规定，于第三十二条及第三十三条第一项逾限之呈请不适用之。

第四十三条　探矿区之增减、合并、分割及其他变更事项，应呈由矿务监督署长核准注册。若系采矿区，应经由矿务监督署长呈请农商总长核准，到署注册后方生效力。

第四十四条　采矿权者应随时将施工计画绘图具说呈由矿务监督署长审定，采矿权者应依矿务监督署长审定之施工计画开采。

前项之施工计画如有变更，须经矿务监督署长审定后方得实行。

第四十五条　矿业权者应备置坑内实测图及矿业簿于矿业事务所，并缮具副本呈送于矿务监督署。

前项绘图及簿籍之程式，以农商部部令定之。

第四十六条　矿业权者如于左列各款情事之一者，其矿业权应即取消。

一、注册一年后无正当理由延不开工，或中途停工至一年以上者。

二、矿业有害公益者。

三、依矿业警察规则令其预防危险或停止工程时不遵行者。

四、不照施工计画施工者。

五、逾期不纳矿税者。

六、因错误核准者。

第四十七条　矿业权者以矿业权作抵借债时，应依左列各款之规定。

一、以矿业权作抵借债，非经农商总长核准不生效力。

二、矿业权已经作抵后，其矿业权者如欲将矿区分割、合并、减少或增减时，须经债权者之承诺，或各债权者之协定。

三、矿业权被取消或自行废业，一经注册，该管矿务监督署长应即通知受抵之债权者。该债权者接通知后，以三十日为限，得呈明矿务监督署长，竞卖其矿业权，但因第四十六条第二款及第六款之情事而取消者不在此限。

四、于出售或竞卖程序未完之期内，其矿业权于出售或竞卖目的之范围内仍视为存续。

五、矿业权出售所得金，除扣除出售费用并偿还债款及利息外，其余交还原矿业权者。

六、承买人应合本法第三条或第四条之规定，其取得之矿业权视为自原矿业权注册取消之日取得之。

第四十八条　矿业权被取消或自行废业后，其矿业权者自行处分其矿业时，准用前条第四款、第五款及第六款之规定。

第四十九条　呈请探矿或采矿时，如须派员实地查勘，其所需之费用应由呈请人负担。

第五十条　邻接矿业权者及其他利害关系人遇有事故时，得呈请矿务监督署长派员查勘，但须负担其费用。

第四章　用地

第五十一条　本条例所谓关系人指对于使用之土地有权利者而言。

第五十二条　本条例所谓偿金指地价租金及对于地主暨关系人寻常实受之损害赔偿金而言。

第五十三条　矿业呈请人及矿业权者于必要时，得于他人土地内为测量或检查等事，但须经矿务监督署长许可。

得前项之许可实行于他人之土地时，应先通知地主或土地占有人。

第五十四条　因测量、检查等事必须除去障碍物者，须经矿务监督署长许可。

得前项之许可后，欲除去碍物时，应先通知地主或土地占有人。

第五十五条　矿业权者为防矿业上紧急之危险，得入他人之土地或使用之，但应即行呈报矿务监督署长，并同时通知地主或土地占有人。

第五十六条　因前三条之事项，地主及关系人如受损失，矿业权者应给予相当之赔偿金。

第五十七条　矿业权者因左之目的得使用他人之土地。

一、凿孔及开坑。

二、堆积矿物、土石、爆发药、木料、薪炭、矿滓及灰烬等。

三、建设选矿场及制炼厂。

四、设置大小铁路、运路、运河、水管、汽管、沟渠、池井、索道及电线等。

五、施设其他矿业上必要之各种工事及工作物。

第五十八条　依前条之规定使用他人之土地，须经矿务监督署长许可，应将于该地施工之计画绘具图说，呈由矿务监督署长审定。

矿务监督署长为前项之许可后，应即公告或通知地主或关系人。

经前项之公告或通知后，矿业权者因欲取得关于土地之权利，须与地主及关系人协商定之。

前二项之规定，如土地为官有时，得请求官署之许可。

第五十九条　因使用他人之土地，矿业权者应给予地主及关系人以相当之偿金。

第六十条　土地须使用三年以上或因使用而变其性质时，矿业权者得与地主协商，或由地主请求照土地市价给予一次偿金。但当矿业废止或使用完竣时，仍应将土地交还原地主。

第六十一条　因使用土地之一部致其余土地之价值低减或有他项之损失时，矿业权者应给予地主及关系人以相当之偿金。但其余土地如失从前之效用时，准用前条之规定。

第六十二条　于使用之土地须增筑或修改其道路、沟渠、墙栅及其他工作物等，矿业权者应给予地主以相当之偿金，但已依第六十条之规定处分者不在此限。

第六十三条　经第五十八条公告或通知后，地主及关系人如欲变更其土地之形质，或工作之新筑、改筑，或大修缮及增加物件时，须经矿务监督署长许可。如未经许可，即不得请求其所费之偿金。

第六十四条　经第五十八条公告或通知后，其矿业有废止或变更之事，矿业权者对于地主或关系人之损失应给以相当之偿金。

第六十五条　地主及关系人对于偿金得要求矿业权者提出相当之担保。

第六十六条　使用之土地已经协定裁决决定或评决之确定后，偿金或担保尚未确定时，矿业权者得提存偿金或取具担保使用其土地。

第六十七条　矿业权者如不交偿金或不具担保，地主及关系人得拒绝其土地之使用。

第六十八条　土地之所有权在使用期间应归矿业权者，其他权利亦暂时停止，但不妨害使用者不在此限。

第六十九条　土地之使用完竣，矿业权者应回复其土地之原状交还原主。如因不能回复原状致有损失时，应给予偿金。但依第六十条之规定处分者不在此限。

第七十条　关于土地使用之规定，于使用水之权利准用之。

第五章　矿工

第七十一条　从事于矿业之劳动者为矿工。

第七十二条　矿业权者所定之矿工服务规则，应呈由该管矿务监督署长核准方生效力。

第七十三条　矿业权者应备置矿工名簿于矿业事务所，其程式以农商部令定之。

第七十四条　矿工工价应于每月按预定日期，以通用货币一次或分二次发给。

第七十五条　矿业权者对于解雇之矿工，因其请求，应给予证书，载明雇佣期间服务种类、技能、工价及解雇之事由等项。

第七十六条　矿工如因工作负伤致罹疾病或死亡时，矿业权者应给予医药、抚恤等费。

第七十七条　矿工之年龄及工作时间并妇女幼童工作之种类等事，农商总长得限制之。

第六章　矿税

第七十八条　矿税之种类如左：

一、矿区税。

二、矿产税。

第七十九条　矿区税额如左：

一、如矿区为采矿第六条第一类矿质，按年每亩纳银元三角。其砂铂、砂金、砂锡、砂铁之在河底者，按年每长十丈，纳银元三角。第六条第二类矿质，按年每亩纳银元一角五分。

二、如矿区为探矿，前项之税额均以五分计算。

第八十条　前条矿区税为地面租税以外之税。

第八十一条　矿产税之税额如左：

一、第六条第一类矿质，按出产地平均市价千分之十五。

二、第六条第二类矿质，按出产地平均市价千分之十。

第八十二条　第七十九条及第八十一条之矿区税及矿产税均分两期缴纳。

第八十三条　第六条第三类矿质，免除矿区税及矿产税。

第七章　矿业警察

第八十四条　关于矿业警察事项由农商总长及该管矿务监督署长行之，其规则以农商部令定之。

第八十五条　农商总长或矿务监督署长对于矿业工程认为有危险或害公益时，应令矿业权者为预防方法或暂行停止。

第八十六条　采矿权者所用之技术员，农商总长或矿务监督署长得令其选任或改任。

前项技术员之资格及职务以农商部部令定之。

第八十七条　矿业权消灭后一年以内，于预防危险之范围内仍视为存续，农商总长及矿务监督署长得令原矿业权者为预防危险之设备。

第八章　裁决诉愿及诉讼

第八十八条　关于矿业之核准或不核准，有不服者得于三个月内提起诉愿于农商总长。如因违法或侵害权利时，得提起行政诉讼。

第八十九条　关于第三十五条第一项之协商未能解决者，得呈请矿务监督署长裁决。如不服前项之裁决者，得提起诉愿于农商总长。如因违法或侵害权利时，得提起行政诉讼。

第九十条　矿业权者对于地面之使用或偿金及担保协商

不能解决，得呈请矿务监督署长裁决。

如因地面之使用不服前项之裁决者，得提起诉愿于农商总长。如因违法或侵害权利时，得提起行政诉讼。如因偿金及担保不服第一项之裁决者，得依民事诉讼法提起民事诉讼。

第九十二条[①] 凡不服处分或裁决者，自受处分或裁决通知令之日起，得于六十日内提起诉愿或行政诉讼。如未受处分或裁决通知令者，依公示之日起算。

第九十三条 凡与中华民国人民合股办矿或受雇之外国人关于矿务之争执，应呈由矿务监督署长裁决。

第九章 罚则

第九十四条 以诈欺取得矿业权或未得矿业权而窃采矿质者，处以三年以下之有限徒刑或三千元以下之罚金。

第九十五条 私将矿业权转售或抵押者，准用前条之处罚。

第九十六条 因过失掘出所注册之矿区以外者，处以五百元以下之罚金。

第九十七条 因前三条之规定处罚者，并没收其所采之矿质。如已出售或消费，应追缴其价值金。

第九十八条 违背第十三条之规定或不从第八十五条及第八十七条第二项之命令者，处以五百元以下之罚金。

第九十九条 违背第二十七条、第四十四条及第七十四条之规定者，处以二百元以下之罚金。

---

① 原书“第九十条”后即为“第九十二条”，缺“第九十一条”。

第一百条　违背第五十四条、第七十二条及第七十三条之规定者，处以一百元以下之罚金。

第一百一条　拒绝或妨止该管官吏检查关于矿业之簿记或物件者，处以五十元以下之罚金。

第一百二条　凡逃税或企图逃税者，处以应纳税额三倍之罚金。

第一百三条　违背本条例之规定或违背依据本条例所发命令之规定者，不适用刑法减轻、再犯加重及数罪俱发之例。

第一百四条　矿业权者如为未成年者或禁治产者，本条例所定之罚则于其法定代理人适用之。但该未成年者于矿业上与成年者有同一之能力时不在此限。

第一百五条　矿业权者于其代理人雇人及其他之从业者关于业务违犯本条例时，不得以非出己意免本条例之处罚。

以上条例，民国三年公布，实业厅尚未成立，矿业呈请由矿务监督署长。自实业厅成立后，矿业呈请由实业厅长。矿业呈请须缴费三十元，农商部探矿注册费每一件银元一百元，采矿注册费每一件银元二百元。

矿业警察组织条例

第一章　总则

第一条　为维持矿区之秩序及安全，并保护矿业上利益，得由矿业公司呈请设置矿业警察。

第二条　矿业公司呈请设置矿业警察时，应呈由实业厅会同警务处核准，呈经省长分咨内务、农商两部备案，实业厅或警务处于所管区域内之矿业公司认为有设置矿业警察之必要时，得令该公司迅速呈请设置。

第二章　区域

第三条　矿业警察区域由警务处会同实业厅指定之。

第三章　官署

第四条　矿业警察视区域之广狭及事务之繁简酌设左列官署：

甲　矿业警察局

乙　矿业警察所

第五条　矿业警察局或矿业警察所因所管区域过于广阔时，得呈请警务处会同实业厅酌设分局或分所。

第四章　职员

第六条　矿业警察局或矿业警察所置局长或所长一人，综理该管矿区警务，指挥监督所属职员。

局长由警务处会同实业厅遴选具有警正资格人员，呈请省长委任；所长由警务处会同实业厅遴选具有警正或警佐资格人员，呈请省长委任。

前项局长、所长之委任，均由省长分咨内务、农商两部备案。

第七条　矿业警察局或矿业警察所得置局员或所员，承长官之命办理事务。局员由局长遴选，所员由所长遴选，均呈请警务处会同实业厅委派，转呈省长，分咨内务、农商两部备案。

第八条　矿业警察分局或矿业警察分所置分局长或分所长一人，承局长或所长之命，助理该管矿区警务。分局①或分所长之委任，准用前条第二项之规定。

第九条　矿业警察局或矿业警察所因事务之必要得酌用雇员。

前项之规定，分局或分所亦适用之。

第五章　权限

第十条　矿区内取缔各规则由局长或所长拟订，呈请警务处，会同实业厅呈由省长咨请内务、农商两部核准后公布之。

第十一条　矿警之编制、教练、服装，依普通警察现行法令办理。但服装之标识另定之。

第十二条　矿区内工人名数，应由矿业公司每月造具清册，送由矿业警察官署呈送警务处及实业厅备查。

第十三条　矿警区域内矿工所发生事件，应与矿业公司接洽办理。如遇有特别情形或其他事变时，得请求地方附近军队保卫团或普通警察协助并报告该管地方官署核办。

---

①　分局：应为“分局长”。

第十四条　矿警区域外矿工或矿业公司所发生事件，应通知普通警察官署处理。如遇特别情形，普通警察单独处理力有未逮请求协同时，应即援应。若事机紧迫者，得一面径行处理一面迅速通知。前项特别情形，应由局长或所长报告该地方官署查核。如认为应会呈备案时，准用前条第二项之规定。

第十五条　矿业警察官署与普通警察官署平时应互相联络，如遇普通警察官署因职务上之必要，在矿警区域内有所行为或查询时，应尽力相助或报告之。

第十六条　矿业警察经费由矿业公司担任之。

前项矿业警察经费包括矿业警察官署、薪饷、杂费、服装、恤赏费等项。

第六章[①]　附则

第十七条　矿区无专设警察之必要时，得由矿业公司遵照请愿巡警章程，呈由实业厅咨商警务处，令行该管普通警察官署拨派巡官长警执行矿业警察事务，其权限由该官署定之。

第十八条　本条例所定警务处、实业厅之职务，在警务处或实业厅未成立地方，由该管道尹、财政厅分别行之。本条例所称矿业公司，矿业商准用之。

第十九条　本条例自公布日施行。

① 第六章：原书误作“第七章”。

图书在版编目(CIP)数据

金陵杂志·金陵杂志续集/徐寿卿撰．—南京：南京出版社，2013.4

(南京稀见文献丛刊)

ISBN 978-7-5533-0196-9

Ⅰ.①金… Ⅱ.①徐… Ⅲ.①南京市-地方史-近代 Ⅳ.①K295.33

中国版本图书馆 CIP 数据核字(2013)第 049669 号

丛 书 名：南京稀见文献丛刊(第 8 辑)
书　　名：金陵杂志　金陵杂志续集
作　　者：(清末民初)徐寿卿
出版发行：南京出版传媒集团
　　　　　南 京 出 版 社

社址：南京市老虎桥 18-1 号　　邮编：210018
网址：http://www.njcbs.com　　淘宝网店：http://njpress.taobao.com
电子信箱：njcbs1988@163.com
联系电话：025-83283871、83283864(营销)　025-83283883(编务)

出 版 人：朱同芳
责任编辑：杨传兵
装帧设计：杨晓岗
责任印刷：杨福彬

排　　版：南京展望文化发展有限公司
印　　刷：南京工大印务有限公司
开　　本：890×1240 毫米　1/32
印　　张：8.75
字　　数：175 千字
版　　次：2013 年 4 月第 1 版
印　　次：2013 年 4 月第 1 次印刷
书　　号：ISBN 978-7-5533-0196-9
定　　价：38.00 元

营销分类：古籍　方志

《南京稀见文献丛刊》

已出书目

《南唐书》(两种) (宋)马令 (宋)陆游 定价:50.00元

《六朝事迹编类·六朝通鉴博议》 (宋)张敦颐 (宋)李焘 定价:32.00元

《景定建康志》 (宋)周应合 定价:201.00元

《金陵百咏·金陵杂兴·金陵杂咏·金陵百咏(外一种)》 (宋)曾极 (宋)苏泂 (清)王友亮 (清)汤濂 定价:38.00元

《洪武京城图志·金陵古今图考》 (明)礼部 (明)陈沂 定价:15.00元

《南京·南京》 (明)解缙 (民国)李邵青 定价:12.00元

《金陵梵刹志》 (明)葛寅亮 定价:138.00元

《金陵玄观志》 (明)葛寅亮 定价:22.00元

《金陵琐事·续金陵琐事·二续金陵琐事》 (明)周晖 定价:47.00元

《客座赘语》 (明)顾起元 定价:42.00元

《后湖志》 (明)赵官 等 定价:60.00元

《金陵世纪·金陵选胜·金陵览古》 (明)孙应岳 (清)余宾硕 定价:44.00元

《献花岩志·牛首山志·栖霞小志·覆舟山小志》 (明)陈沂 (明)盛时泰 (民国)汪訚 定价:30元

《留都见闻录·金陵待征录》 (明)吴应箕 (清)金鳌 定价:24.00元

《板桥杂记·续板桥杂记·板桥杂记补》 (明末清初)余怀 (清)珠泉居士 (清末民初)金嗣芬 定价:25.00元

《建康古今记》 (清)顾炎武 定价:16.00元

《白下琐言》 (清)甘熙 定价:26.00元

《盋山志》 (清)顾云 定价:19.00元

《秣陵集》 (清)陈文述 定价:39.00元

《钟山书院志》 (清)汤椿年 定价:30.00元

《随园食单·白门食谱·冶城蔬谱·续冶城蔬谱》 (清)袁枚 (民国)张通之

(清末民初)龚乃保　(民国)王孝煃　定价：24.00元

《承恩寺缘起碑板录·律门祖庭汇志·扫叶楼集·金陵乌龙谭放生池古迹考》

(清)释鹰巢　(清末民初)释辅仁　(民国)海宗鼎　(民国)检斋居士　定价：36.00元

《金陵杂志·金陵杂志续集》　(清末民初)徐寿卿　定价：38.00元

《金陵琐志九种》　(清末民初)陈作霖　(民国)陈诒绂　定价：90.00元

《运渎桥道小志》　(清末民初)陈作霖

《凤麓小志》　(清末民初)陈作霖

《东城志略》　(清末民初)陈作霖

《金陵物产风土志》　(清末民初)陈作霖

《南朝佛志寺》　(清末民初)孙文川　陈作霖

《炳烛里谈》　(清末民初)陈作霖

《钟南淮北区域志》　(民国)陈诒绂

《石城山志》　(民国)陈诒绂

《金陵园墅志》　(民国)陈诒绂

《金陵胜迹志》　(民国)胡祥翰　定价：20.00元

《梁代陵墓考·六朝陵墓调查报告》　(清末民初)张璜　(民国)中央古物保管委员会编辑委员会　定价：60.00元

《金陵岁时记·岁华忆语》　(民国)潘宗鼎　(民国)夏仁虎　定价：13.00元

《秦淮志》　(民国)夏仁虎　定价：15.00元

《明孝陵志》　(民国)王焕镳　定价：27.00元

《金陵大报恩寺塔志》　(民国)张惠衣　定价：23.00元

《首都计划》　(民国)国都设计技术专员办事处　定价：40.00元

《总理陵园管理委员会报告》　(民国)总理陵园管理委员会　定价：138.00元

《总理奉安实录》　(民国)总理奉安专刊编纂委员会　定价：60.00元

《新南京》　(民国)南京市市政府秘书处　定价：26.00元

《陷京三月记》　(民国)蒋公穀著　定价：13.00元

《南京概况》(秘密)　(民国)书报简讯社　定价：60.00元